Le chti

POUR

LES NULS

Le chti pour les Nuls

Pierre-Marie Gryson
Denise Poulet

FIRST
Editions

Le chti pour les Nuls

ISBN : 978-2-7540-1475-5
Dépôt légal : 3e trimestre 2009

Imprimé en France par CPI-Hérissey (Eure)

Édition : Véronique Marta
Correction : Anne-Lise Martin
Mise en page : KN Conception
Production : Emmanuelle Clément

Éditions First
60, rue Mazarine
75006 Paris – France
Tél. : 01 45 49 60 00
Fax : 01 45 49 60 01
Internet : www.editionsfirst.fr
www.pourlesnuls.fr

Sommaire

Introduction

Malgré des préjugés très répandus, le nord de la France ne manque pas d'attraits : la beauté de ses paysages, ses longues plages de sable fin, les caps Gris-Nez et Blanc-Nez, les monts de Flandre, les vestiges de son histoire mouvementée, et surtout l'accueil réservé par ses habitants à tous ceux qui viennent découvrir ses beautés. Il est vrai que cette région était un peu boudée des Français qui n'habitent pas les départements du Nord et du Pas-de-Calais. Or, depuis 2008, un pôle d'attraction s'est constitué autour de la charmante ville de **Beurgues**, euh... pardon, Bergues (59) ! On porte un nouveau regard sur des terres inconnues qui sont bien plus attrayantes qu'il n'y paraît. Il faut souhaiter que ce phénomène se pérennise et donne à tous l'envie de connaître un autre mode de vie, une autre culture, grâce au succès de ce film simple et bon enfant *Bienvenue chez les Ch'tis !* qui révèle les qualités de ce peuple accueillant.

Malgré l'effort consenti par les médias, la plupart des Français, qui n'ont jamais eu la chance d'aller voir de leurs propres yeux ce qui se passait au nord de l'Île-de-France, se demandent encore à propos de ces rumeurs insistantes : « **Ch'est du lard ou du cochon ?** » Cependant, si vous vous décidez enfin à « sauter le pas »... de Calais, et à « sonder » les lieux par vous-même, n'hésitez pas à utiliser les quelques mots ou phrases que vous connaîtrez. Vos nouveaux compagnons seront très sensibles à cette attention.

Quelle que soit votre motivation, *Le chti pour les Nuls* vous aidera. Vous y trouverez non seulement des éléments de communication comme les salutations ou la commande d'un repas, mais aussi les expressions utilisées au téléphone ou des termes du milieu de l'informatique. Quelques notions de grammaire vous serviront à construire progressivement vos propres phrases. **Os verrez, cha s'ra com du lèque mes loupes**. (Vous verrez, ça sera à vous lécher les babines.)

À propos de ce livre

Ce livre est bien plus qu'une simple compilation de phrases et de mots. Il vous rendra service en toutes circonstances, entre autres, si vous désirez communiquer en chti avec vos voisins, ainsi qu'avec vos nouveaux amis et collègues. Vous pouvez parcourir **eul lif** (le livre) à votre rythme et dans l'ordre qui vous convient. Vous pouvez « sauter » d'un chapitre à l'autre, à votre guise. *Le chti pour les Nuls* est votre guide personnel, toujours prêt à vous aider.

Si vous êtes novice, lisez les chapitres de la première partie avant de commencer à parler. Vous y trouverez la façon de prononcer les différents sons, ce qui vous permettra de passer plus aisément aux chapitres suivants.

Conventions utilisées

Pour faciliter la navigation dans le livre, nous avons établi quelques conventions :

Les termes en chti sont en **caractères gras** de façon à être mis en évidence, et une traduction les accompagne, si nécessaire.

Attention : la prononciation du chti est légèrement différente selon les régions. Mais détendez-vous, **eul voyache s'ro trinquile, laichez-vous amicloter** (le voyage sera paisible, laissez-vous bercer) ! Dans ce livre, tout est simple. Lisez une première fois sans chercher à tout retenir, sans vous forcer. La tournure et l'originalité des expressions, leur proximité avec le français vous permettront de les mémoriser sans peine et de les restituer telles qu'elles sont. Nous écrirons le chti de manière que vous puissiez le prononcer à la française : Cet ouvrage se caractérise par un souci de lisibilité et de fluidité. Il se révèle toujours fastidieux de lire une phrase, de devoir chercher ensuite sa prononciation, avant de revenir à la phrase en question. C'est ce que nous avons voulu éviter ici ! Exemple : **J'ai pus quer de t' vir ploïé in quate, que braire à l'ouvrache**. (Je préfère te voir plié en quatre, que pleurer en travaillant.) La méthode que nous utilisons n'est pas incorrecte. Le chti, faisant partie des langues picardes, ne relève pas d'une académie, ce qui veut dire que son écriture ne suit pas des règles strictes.

Vous vous initierez aux diverses manières d'écrire le chti. Pensez-vous que votre apprentissage en sera perturbé ? Peut-être avez-vous déjà peur de tout mélanger ? Bien au contraire, vous trouverez très vite votre voie, votre propre style. Une fois que vous saurez parler, l'écrit sera un jeu d'enfant. Nous veillerons au fait de parler correctement, avec la bonne intonation, et si vous désirez *écrire* le chti correctement, il existe une norme grâce à la graphie Carton-Feller. Le professeur Fernand Carton a adapté au picard l'orthographe du wallon mise au point par Jules Feller, d'où le nom Carton-Feller. Nous nous en inspirons sans pourtant l'adopter intégralement.

Nous insisterons sur la forme orale du dialecte. Le chti ou chtimi est une langue qui se parle avec le sourire et dans la bonne humeur. Et c'est avant tout pour cela que vous désirez l'apprendre. N'est-il pas réjouissant de se dire que nous avons toute liberté pour manier une langue ? Nous jouerons donc avec les mots. Ce livre doit également répondre aux attentes de tous les francophones. Alors nous trouverons tantôt des expressions 100 pour cent chti et tantôt des expressions plus actuelles et donc plus faciles à mémoriser. Il y en aura pour tous les goûts.

Le chti varie selon les régions. Ne vous étonnez donc pas de rencontrer d'autres formes que celles que vous connaissez. Nous nous intéresserons au parler urbain de la région lilloise et au parler ouvrier de l'Artois minier. Le Nord et le Pas-de-Calais présentent bien des différences, tant dans la prononciation que dans le vocabulaire. Dans le Nord lui-même, le rouchi, parler du Valenciennois et du Hainaut, n'est pas identique à celui du Cambrésis. De même la langue du littoral diffère de celle de l'Artois. La région des Mines a aussi son vocabulaire bien particulier. Il arrive même que, dans des villages voisins, la prononciation présente des différences surprenantes. Dans la langue parlée, tout est possible. Ces parlers, si disparates soient-ils, restent tous des variantes du picard, dont ils sont issus. Le chti a d'ailleurs tendance à se généraliser comme un symbole du Nord et du Pas-de-Calais, comme un porte-drapeau identitaire, pour s'opposer au franc picard de la Somme, même si, il y a encore peu de temps, les gens du Pas-de-Calais, du Cambrésis ne se considéraient pas comme des Chtis. En tout cas, le vocabulaire, la grammaire et les règles de prononciation qui suivent vous permettront de vous débrouiller en toutes circonstances si vous devez parler chti. Ainsi, les mots et expressions ont évolué différemment selon les zones, mais on trouvera parfois dans cet ouvrage des mots qui ne viennent pas de celle que nous avons définie au préalable (qu'ils soient français ou picards).

Ce livre est utile à différents niveaux. Il vous permettra de savourer l'authenticité du chtimi, si vous connaissez déjà un peu le dialecte. Sinon, il sera pour vous un véritable outil d'apprentissage ou encore un instrument de découverte. Ceux de la première catégorie pourront redécouvrir des expressions enfouies au fond d'eux-mêmes ! J'ai pensé à tous ceux qui aiment la région Nord-Pas-de-Calais et ses traditions. Cet ouvrage vise donc à être simple et séduisant pour permettre à chacun de se divertir, d'apprendre, de réapprendre, et par ce biais de transmettre un peu de culture chti autour de lui.

Son contenu est à partager. Ce n'est pas un livre pour solitaire !

L'apprentissage des langues étant une activité spéciale, quelques éléments faciliteront le travail de mémorisation. Les voici :

Mots clés : cet élément « clé » aide à la mémorisation de mots et d'expressions fondamentales pour l'apprentissage d'une langue. Nous avons rassemblé les nouveaux mots rencontrés sur un tableau noir, sous le titre « Mots clés ».

Traduction : chaque langue ayant sa propre façon d'exprimer des idées, la traduction française fournie pour les expressions chtis n'est pas toujours littérale. Elle vous permet ainsi de mieux saisir ce que veut dire le locuteur. Par exemple, cette expression imagée chti : **Te veux m' faire gober d'z'œufs durs** pourrait se traduire littéralement par : « Tu veux me faire manger des œufs durs », mais on proposera plutôt la traduction : « Tu veux me faire croire à des choses invraisemblables. » Lorsque certaines traductions sont trop évidentes, nous ne les donnerons pas afin de nous concentrer sur l'essentiel, c'est-à-dire les nouvelles tournures et expressions, ou les nouveaux mots rencontrés.

Tableau de conjugaison : voici à titre d'exemple comment conjuguer le verbe aller au présent.

J' vas / ej va / ej vai

Te vas / té vas

I va / al va / in va

Os alons

Os alez

I vont / al vont

Est-ce difficile ?

Cet ouvrage est pour vous si...

- Vous connaissez très peu le chtimi ou même l'ignorez complètement. Vous avez appris quelques mots ou expressions, mais vous ne savez pas comment les prononcer.
- Vous ne recherchez pas un livre qui vous permettra de parler couramment le dialecte : vous voulez seulement connaître quelques mots, expressions ou constructions de phrase pour pouvoir communiquer en chti grâce à ces informations élémentaires.
- Vous voulez apprendre le patois utilisé couramment dans la vie de tous les jours, parce que vous venez d'arriver dans notre chaleureuse région, et que vous projetez de vous y installer d'ici peu. Vous choisirez alors vous-même les informations proposées dans ce livre, en décidant de retenir telle ou telle partie, afin de les « potasser ». Vous le ferez en tout lieu, tout temps et toutes circonstances.
- Vous voulez vous amuser tout en apprenant un peu de chtimi.

Tout cha pou dire que... (Tout cela pour dire que...) si vous vous reconnaissez dans ces quelques lignes, alors vous avez trouvé le livre idéal !

Les icônes du livre

Vous pouvez rechercher des informations particulières au cours de votre lecture. Pour rendre certaines d'entre elles plus accessibles, nous avons ajouté les icônes suivantes dans la marge gauche tout au long du livre :

Cette icône signale des conseils facilitant l'apprentissage du chti.

Cette icône signale des règles grammaticales qui ne sont pas essentielles mais qu'il est utile de connaître.

Pour trouver des informations et des conseils sur la culture des Chtis et sur la façon de vous comporter avec eux, recherchez cette icône.

Ches icônes vous aconduiront tout au long de l'ouvrache. (Ces icônes vous accompagneront tout le long de l'œuvre.)

Et maintenant ?

Pour apprendre une langue, il faut se lancer et tout simplement essayer de la pratiquer. Démarrez tout de suite ! Vous pouvez commencer à lire le début ou choisir un chapitre qui vous intéresse. Qui sait, d'ici peu de temps, vous demanderez peut-être à un Chti :

Achteure, j'apprinds t' lingue ! Te voudros nin bafier deux minutes aveuc mi ? (Maintenant, j'apprends ta langue, tu ne veux pas parler deux minutes avec moi ? / Depuis peu, j'apprends le chti, voudrais-tu le parler un peu avec moi ?)

Et j'apprinds vite, j' suis braf ! (Et j'apprends vite, je suis brave !)

Chapitre 1

Vous savez déjà un peu le chti

Dans ce chapitre

- Les mots et expressions chtis que vous connaissez
- Des réponses utiles
- La prononciation des voyelles et des consonnes
- Questions et exclamations

La meilleure façon d'apprendre une langue est simplement de commencer à s'en servir. Ce chapitre vous explique comment prononcer des mots picards et vous présente quelques expressions courantes.

Les mots et expressions chtis que vous connaissez

Grâce au film célèbre qui a mis à l'honneur notre dialecte, vous savez déjà parler le chtimi **un tiot peu** : il suffit d'ajouter un petit **hein** à la fin de chaque phrase ! Vous pouvez aussi passer une commande : **Garchon !** Devenir familier avec un Chti : **Salut biloute !** La première fois que vous verrez quelqu'un, vous direz : **Ti z'aute**. Vous pouvez ordonner à vos enfants d'arrêter de **braire** (pleurer) ! Et les emmener ensuite **minger eun frite fricadele** pour les réconforter.

Quelques mots chtis se retrouvent en français. Ils sont peu nombreux, soit, mais cela va peut-être changer. Le terme **rescapé**, désignant une personne qui a réchappé d'un accident, a été adopté par le français à la suite de la catastrophe de Courrières (1906). On peut citer aussi **esquinter**, synonyme des verbes abîmer, amocher, éreinter, épuiser et crever.

INFO CULTURELLE

D'où vient le chti ?

Le picard, nous l'avons déjà dit, est l'un des dialectes de notre pays, apparu vers le IXe siècle, au même titre que le français en Île-de-France, le champenois en Champagne, le normand en Normandie, etc. Le domaine picard comprenait le Pas-de-Calais, le Nord (excepté la zone du flamand), la Somme. À ces départements il faut ajouter une petite frange qui les longe au sud et au nord, plus une parcelle de la Belgique (Tournai, Mons). Dans ce vaste territoire, le picard va évoluer différemment selon les régions ; l'histoire aussi va provoquer des scissions : de 1650 environ à 1760, l'Artois et la Flandre sont rattachés aux Pays-Bas, et de ce fait, ils dépendent du royaume d'Espagne. Sous l'Empire sont créés les départements. Depuis lors on parlera du Nord et du Pas-de-Calais.

De nos jours, le chti s'applique uniquement à ces deux départements. Pendant la guerre de 1914-1918, les poilus, dans les tranchées, se sont aperçus qu'ils parlaient différemment tout en se comprenant. Pourquoi **ch'ti**, pourquoi **ch'timi** ? **Mi** est la forme picarde du pronom moi, et **ti**, celle du pronom toi. Ces deux mots revenaient souvent dans les conversations : **Ch'est ti ou ch'est mi ?** Associés, ils ont formé un sobriquet qui s'est appliqué principalement aux habitants du Nord.

Il n'est pas étonnant que français, picard et chti possèdent de nombreuses ressemblances, puisqu'ils sont issus d'un tronc commun. Les nombreux mots chtis qui ont un équivalent français vont vous faciliter la tâche, même si parfois il n'est pas facile de les reconnaître.

Chti	*Français*
Bos	bois
Cordéoneux	joueur d'accordéon
Duch'mint	doucement
Jus d'cochette (mauvais café)	jus de chaussette
Yux	yeux

Des réponses utiles

Ceux qui apprennent une langue passent par un stade où ils comprennent beaucoup de choses. Cependant, lorsqu'ils doivent prendre la parole, ils n'ont pas toujours l'aisance qu'ils désirent. Vos interlocuteurs se rendent compte que vous comprenez et entament la conversation, en attendant une réponse. Mais vous ne savez pas comment réagir ! Apprendre par cœur une réponse positive et une réponse négative peut être utile pour se sortir d'une telle situation.

Vous pouvez utiliser le terme **bin** (bien), comme si vous vouliez introduire une phrase… qui ne vient pas ! Vous pourrez « glisser » aussi en toute occasion une phrase très vague qui ne compromet personne, comme **t'as bin raijon** (tu as bien raison). Pour les fans de la série télévisée Kaamelott, cette expression est l'équivalent du fameux « c'est pas faux » utilisé par Perceval. Dès que vous ne comprenez pas quelque chose, vous pouvez toujours vous en servir. Malgré tout, il ne faut pas en abuser. En dernier recours, il vous reste encore le fameux **hin ?** indiquant que vous n'avez pas compris les propos de votre interlocuteur. Celui-ci fera un rictus et répétera tranquillement ! Gardez en réserve une expression pour le cas où quelqu'un vous dit quelque chose de négatif : **miard** ou **misère** (c'est triste).

Voici quelques exemples de réponses utiles dans une situation donnée :

Komint qu' té trouv eum' nouvièle carette ? — Ko k'el est bièle ! (Comment trouves-tu ma nouvelle voiture ? — Ce qu'elle est belle !)

Raviss chett' vaque ! In dirot qué va vêler ! — Té cros ? (Regarde cette vache ! On dirait qu'elle va vêler ! — Tu crois ?)

Cha t' dirot d'aler faire carnaval aveuc os autes ? — J'in s'ros fin bénache ! (Ça te dirait d'aller au carnaval avec nous ? — J'en serais enchanté !)

In s'arrête un tiot peu ? J' n'in peux pu, j' suis su l' sec ! — Pourko po ? (Nous nous arrêtons un petit peu ? Je ne tiens plus, j'ai soif ! — Pourquoi pas ?)

Ch'est un k'va à min onk ! — Vraimint intéréchint ! Té m' dis cha... ch'est com chi té m' dizos qu' t'as boufé eun pomme à déj'ner. J'eun n'ai rin à foute ! — Ch'est pou rire, té m'in veux nin quind même ? (C'est un des chevaux de mon oncle ! — Vraiment intéressant ! C'est comme si tu me disais que tu as mangé une pomme ce midi. Je m'en moque ! — C'est une blague, tu ne le prends pas mal quand même ?)

Y a incore des russes aveuc euch' finme ! — Komint qu' cha s' fait ? Y a eun finme mais y a nin d' veine in tout ko ! Com dit l' kinchon : « Si te veux pas k' ta femme t'emmerde, te maries pas, te maries pas... Si tu veux pa k' ta femme t'emmerde, te maries pas, el t'emmerdra pas ! » (Il a encore des soucis [ruses] avec sa femme ! — Comment ça se fait ? Il a une femme mais la chance lui fait défaut. Comme dit la chanson : « Si tu ne veux pas que ta femme te crée des ennuis, ne te marie pas... Si tu ne veux pas que ta femme t'ennuie, ne te marie pas, les ennuis tu n'auras pas ! »)

Ces phrases révèlent une particularité du chti, qui, d'un certain point de vue, peut paraître vulgaire. Or ce n'est pas le cas. Le chti ne perçoit pas la vulgarité de l'emploi du verbe « emmerder » et de l'expression **rin à foute**. Cependant cela va dépendre du ton que vous employez et du contexte. Nous retrouverons d'ailleurs des extraits de chansons du même genre au chapitre 7. À ce propos, ne vous aventurez pas à dire à une femme : **T'es qu'eun' pourisse !** Car une **pourisse** est une « salope » !

Lorsque quelqu'un vous demande de faire quelque chose, vous pouvez utiliser les réponses positives suivantes :

Té peux m' filer un cop d' main, tiot ? — Sure ! (Tu peux m'aider ? — Bien sûr !)

Sont fin bons tes poriaux ! Té m'in r'mets eun life ? — Sins problème ! (Tes poireaux sont très bons. Pourrais-tu m'en remettre une livre ? — Pas de problème !)

Si vous devez fournir une réponse négative, vous pouvez choisir entre les trois suivantes :

Té viens juwer à cartes ed'main ? — Ch' peux nin malheureuj'mint ! (Tu seras de la partie demain ? — Malheureusement non !)

Te s'ros m' dire ko ki s'est passé ichi ? — Té sais bin qu' non, j'étos nin là ! (Tu peux m'expliquer ce qui s'est passé ici ? — Non, désolé, je n'étais pas là !)

Te vins aveuc. J' m'éboule à préparer ches grillates. — Eul prochaine fos, fieu ! (Tu viens avec [moi ou nous] ? Je commence à préparer les grillades. — La prochaine fois, fiston !)

Selon les circonstances, utilisez les souhaits ci-après :

Pach eune bonn' nwi (Passe une bonne nuit)

Bon voyache (Bon voyage)

Bonne chince (Bonne chance)

J' vous armerchie (Je vous remercie)

Y a nin d' quo (Il n'y a pas de quoi)

Au moment de commencer à manger, vous pouvez dire : **Bonne chère !** (Bon appétit !) En partageant un verre, vous pouvez vous exclamer : **Santé !** comme en français. **Y faut bin parler franchais un tiot cop**

d'timps in timps (Il faut bien parler un peu français de temps en temps).

À mesure que vous comprendrez mieux le chti et que vous vous ferez des amis, vos conversations deviendront plus personnelles. Dans les autres chapitres, vous trouverez des réponses utiles pour des conversations plus amusantes.

Les règles de prononciation

La clé du succès pour pratiquer une nouvelle langue est de surmonter sa crainte d'avoir une mauvaise prononciation et de ne jamais pouvoir la corriger. N'ayez pas peur du ridicule et ne pensez pas que vous n'y arriverez jamais. Faites-vous confiance !

Au début, vous ne comprendrez pas un mot lorsque les gens parleront autour de vous. Mais après quelque temps, vous commencerez à distinguer des sons qui se répètent. Par la suite, vous reconnaîtrez les salutations et la manière dont les personnes amorcent et concluent un coup de téléphone. Vous imiterez les schémas familiers et les reproduirez du mieux que vous pourrez.

La maîtrise d'une langue s'acquiert plus rapidement si l'on apprend des règles de base sur la façon de prononcer des mots écrits. Vous pourrez ajouter des mots à votre vocabulaire dès lors que vous savez comment ils se prononcent. Ayez bien en mémoire le fameux film de Dany Boon, qui vous aidera pour le rythme des phrases, les intonations, et même pour la prononciation des mots. Je ferai cependant des réserves sur certains points. Ainsi, Dany Boon généralise les **ch** : trop souvent, les **s** sont changés en **ch**, alors que cela se produit dans quelques cas seulement, inexpliqués d'ailleurs, comme **du chuc** (du sucre). En général, la consonne s reste inchangée : **Té sais** (tu sais), **sins** (sans). Les sections suivantes vous donneront quelques principes pour une prononciation correcte du chti.

TRUC

L'accentuation

Elle ne pose pas de difficulté dans la phrase chti, car elle est identique à l'accentuation française.. L'accent de phrase porte sur l'avant-dernière syllabe, si celle-ci est suivie d'un **e** muet, sinon sur la dernière syllabe. Il faut aussi penser à marquer les **r**, qui sont fortement prononcés et grasseyés. Enfin, quelquefois, le français prend le pas sur le chti dans un souci de compréhension ou d'harmonie. Par exemple, l'expression **il en a l'accoutumance** deviendrait en bon chti : **Y in a l'accoutumance**. Les deux formulations sont en fait correctes et ne soyez pas étonné de retrouver la première aussi bien à l'écrit qu'à l'oral. Cette expression signifie : « Il en a l'habitude » ou encore « C'est coutumier pour lui ».

Prononciation des voyelles

Les voyelles a, i, o, u

Les voyelles **i** et **u** se prononcent toujours comme en français : **Euj sue eud caud !** (Je sue tellement j'ai chaud !)

D'autres voyelles peuvent être plus ou moins ouvertes, ou plus ou moins fermées (les lèvres sont plus ou moins ouvertes quand on les prononce). L'accent aigu indique une voyelle fermée, l'accent grave une voyelle ouverte, comme dans ces mots français : métier, café (accent aigu : é fermé) ; mère, cafetière (accent grave : è ouvert). En français, l'accent n'apparaît que sur les **e**, mais d'autres voyelles peuvent aussi être ouvertes ou fermées sans pour autant porter un accent. En chti le **a** peut se rapprocher de **o** dans certains mots : la pharmacie se dit **farmas'rie** ou **formas'rie**. Cette prononciation est fréquente pour le mot papa : **popo**. Mais la plupart du temps, la voyelle **a** se prononce comme en français ; ainsi dans la phrase : **Armonte eut' maronne !** (Remonte ton pantalon !) Quant au **o**, il est le plus souvent ouvert en chti. On n'emploie pas le **o** de pot : **eun' rose** se dira avec le **o** de port.

Les voyelles e, é et è

La voyelle e est celle qui présente le plus de variantes. Le **e**, sans accent, est appelé *muet*, pour la bonne raison qu'on ne l'entend pas. Il est généralement en position finale comme en français, mais en chti, il se trouve aussi souvent à l'intérieur d'un mot. On peut alors le signaler par une apostrophe : **Pass' eun' bonn' nuit**. La voyelle e, qu'on appelle arrondie, se distingue de la précédente en s'écrivant phonétiquement **eu : Teu va vir !** (Tu vas voir !) **Eul ménache y a grinmint du plomb dins l'aile**. (Ce couple bat de l'aile depuis longtemps.) On écrit eul et non el pour éviter la prononciation **èl**. Nous pouvons rencontrer aussi la voyelle **e** muette, en position finale et notée sans accent : **Advène un caup** (Devine un peu).

La voyelle **é** (é fermé) est présente en fin de mot ou en fin de syllabe. Ainsi, dans l'expression : **T'es bélot** (Tu es un beau jeune homme), le féminin étant **bélote**, à ne pas confondre avec la belote, le jeu de cartes. La voyelle è (e ouvert) se prononce devant une consonne articulée ou une consonne double : **bonne chère, père, fourchette** (trois termes identiques au français).

Quelques diphtongues

Une diphtongue est composée de deux voyelles prononcées en une seule fois.

La diphtongue iè

Dans le Nord, surtout le long de la frontière avec la Belgique, la voyelle è située dans l'avant-dernière syllabe se diphtongue en **iè** : **Al est bièlle** (Elle est belle) ; **Al a mis s' nouvièlle rope** (Elle a mis sa nouvelle robe). Ce phénomène est inconnu dans le Pas-de-Calais.

La diphtongue io

En chti le groupe de voyelles eau se prononce **io** : **del io** (de l'eau) ; **in catio** (un château) ; **l' monio i cante** (le moineau chante) ; **al a acaté in bio capio** (elle a acheté un beau chapeau). Dans le Pas-de-Calais, les diphtongues sont fréquentes, la finale **io** (comme dans catio) se prononce **ièw, iaw** : **catièw**.

La diphtongue oè

Le groupe de consonnes écrit en français **oi** se prononce **wa**. En chti, ce groupe oi se prononce **oè** (**wè**) : **eun' bielle histoère** (une belle histoire). Dans d'autres cas, **oi** se réduit à **o** : **in mos** (un mois) ; **j'ai du ma à min dogt** (j'ai mal au doigt). Le groupe **ai** des imparfaits et des conditionnels se prononce aussi **o** ou **oè**, car autrefois on écrivait « il avoit », « il estoit ». Ce principe n'est pas valable pour les autres mots.

Les voyelles nasales

En français, une voyelle suivie d'une consonne nasale se nasalise : o + n (ou m) se prononce on ; a + n se prononce an ; e + n > an. Attention ! en chti, les voyelles nasales an, en se prononcent in sans distinction : **dins** (dans) ; **grinmint** (grandement, beaucoup).

Prononciation des consonnes

La plupart des consonnes se prononcent comme en français. Celles qui suivent ne présentent pas de difficulté.

Consonne	*Exemple*	*Français*
b	**boubourse**	abruti
d	**gardin**	jardin
f	**facteur**	facteur
j	**mi j'iros**	moi, j'irais

Consonne	*Exemple*	*Français*
l	**glope**	globe
m	**mucher**	cacher
n	**cha m'éton'rot**	ça m'étonnerait
p	**p'loter**	tripoter
r	**comarate**	camarade
t	**rintrer**	rentrer
v	**arvoir**	revoir
w	**wé**	oui
x	**excitint**	excitant
z	**gazette**	gazette

Certaines consonnes exigent toutefois quelques commentaires.

Les consonnes finales muettes

Beaucoup de consonnes finales ne se prononcent pas. Ce sont généralement des vestiges de mots anciens, dont la consonne finale a été supprimée dans la prononciation depuis plusieurs siècles (XIe-XIIIe siècle), mais maintenue dans l'écriture.

- La consonne finale **r** dans les noms terminés en eur devient **x** : **I mint com' in arracheux d' dints** (Il ment comme un arracheur de dents) ; de même on dit : **footballeux, handballeux, carnavaleux, beloteux** (le remplacement par eux n'a pas d'explication, cette terminaison étant fréquente dans les adjectifs).
- La consonne **l** en fin de mot n'est pas prononcée : **J'a du ma à min dos et à mes dogts de pied** (j'ai mal au dos et aux orteils) ; **in k'va** (un cheval).
- De même, la consonne à la fin des prépositions : **su** (sur), **pa** (par) ; **in rapré-caup** (un enfant né longtemps après les autres).
- Si la syllabe finale se compose de deux consonnes dont la dernière est **l** ou **r**, celle-ci s'amuït : **i rint** (il rentre).

- La marque du pluriel des adjectifs, des noms, les terminaisons des verbes n'apparaît pas dans la prononciation : **des brayousses** (des pleureurs) ; **mes bios garchons** (mes beaux-fils) ; **té vos, os allons, os allez, i vont**.

Les consonnes sonores s'assourdissent en position finale : **g'nièf** (genièvre) ; **rouche** (rouge) ; **glope** (globe) ; **camarate** (camarade) ; **i arrife** (il arrive) ; **l' mêm' cosse** (la même chose). Ainsi, lorsque la dernière syllabe possède deux consonnes, la seconde ne se prononce pas (voir plus haut) et celle qui devient finale s'assourdit : **printe** (prendre), **agréape** (agréable).

Les consonnes c, g, ll et h

Les consonnes c et g se prononcent différemment selon la voyelle qui les suit. Devant les voyelles **e** et **i**, elles ont une prononciation douce (***s*** et ***j***). Devant **a, o** et **u**, le son reste dur (**k** et **g**). La difficulté tient au fait que, dans certains mots, la voyelle qui suit était autrefois **a** et qu'ensuite, en français, elle s'est changée en **e**. L'exemple le plus net est le mot cheval : issu du latin *caballum*, il se prononce **k'va**. Comparez : **in gardin**, **des caveux**, mais **in k'va, eun' bouque, eun' cosse**, en chti ; un jardin, des cheveux, un cheval, une bouche, une chose, en français. Dans la région lilloise (sauf Lille même), à Roubaix, Tourcoing de la Pévèle à Orchies, **k** et **g** devant **è, i, o, a** deviennent **dj, tch** : **l' djerre** (la guerre) ; **quet' chosse** (quelque chose).

La double consonne **ll** précédé de i, par exemple dans les mots famille, grenouille, se prononce en français **y** (famiye, grenouye). En chti, le groupe **ill** se réduit à **l** : **eun' famile, eune guernoule**.

La consonne **h** est muette à l'initiale des mots. En français, tantôt, elle n'a aucun effet et n'empêche pas la liaison (l'homme, l'huile, l'habitude) ; tantôt, rappelant l'ancienne aspiration, elle provoque un hiatus avec la voyelle précédente (le hasard, la hache) et interdit la liaison entre les mots (il est hardi). Le chti ignore cette distinction : **M' barraque al est dins l'Hainaut**. (Ma maison est dans le Hainaut / J'habite dans le Hainaut.)

Le Hainaut est une province belge de la région wallonne. Elle a pour chef-lieu Mons et compte parmi les villes les plus importantes : Charleroi, La Louvière, Mouscron et Tournai. Cette province est connue pour son histoire liée au charbon. De ce côté de la frontière, le Hainaut a Valenciennes pour capitale. Cette ville et d'autres plus modestes proposent une rare densité de richesses architecturales. C'est une région d'art. Le parc naturel régional de la Scarpe et de l'Escaut offre aux promeneurs des lieux agréables et propices à la détente. Une visite incontournable : celle du musée de la Mine à Lewarde (59).

Questions et exclamations

La façon la plus simple de poser une question est de prononcer la phrase en haussant le ton à la fin, comme on le fait en français : **Comint ch'est la n' din ? — Dins ko ? Dins ch' restaurint ?** (Comment est-ce là dedans ? — De quoi parles-tu ? Du restaurant ?)

Pour les phrases exclamatives, on pourra appuyer sur le mot exclamatif et on montera le ton à la fin de la phrase ou à la fin des groupes de mots, comme dans les interrogations :

Té peux toudis chiffler poupoule ! (Tu peux toujours siffler les poules ! / Tu peux toujours courir !)

Ches inglais i débarquent ! (Elle a ses règles !)

Vingt diouss ! ej t'avos dit d'y aller duch'mint ! (Ciel ! je t'avais demandé de faire attention !)

Précisons que l'apostrophe sert à remplacer une voyelle qui n'est pas prononcée dans les mots chtis pour faciliter la compréhension de la phrase.

Va kerre eun' bière pou tin père ! (Va chercher une bière pour papa !)

Te sais bin, toudis l' même kosse ! (Tu sais bien, toujours la même chose !)

In fait à vot' mote et os in alez ! (On procède selon vos désirs, et vous, vous partez !)

Chapitre 2

Les bases de la grammaire

Dans ce chapitre :

- La construction de la phrase
- Les articles, les noms et les adjectifs
- Les pronoms personnels
- Les temps de l'indicatif
- Le conditionnel
- Le subjonctif
- Les négations

La grammaire et la conjugaison ne nous ont pas toujours laissé des souvenirs agréables de notre scolarité… Peut-être même seriez-vous tenté de sauter ce chapitre. Connaissez-vous le proverbe : « Erreur… égale douleur » ? C'est une exagération manifeste ! Pour vous permettre de suivre sans peine, ce chapitre sera court et s'en tiendra à l'essentiel. Vous verrez qu'il est même possible de s'amuser en conjuguant, tant les terminaisons que vous rencontrerez sont originales.

La construction de la phrase

La construction de la phrase est la même en français et en chti : sujet (nom ou pronom), verbe, compléments. Exemple : **I fait l' bidet d' bos !** Il « brasse » (**bidet** : cheval ; **bos** : bois) ! Cette expression s'emploie pour une personne qui se montre très affairée, mais qui ne fait pas grand-chose.

Les articles, les noms et les adjectifs

L'article défini singulier

L'article défini est identique au masculin et au féminin : **le** équivaut à la fois au masculin « le » et au féminin « la ». Comme dans notre région la prononciation est assez relâchée et que les voyelles finales sont souvent muettes, **le** se réduit à **l'**, l'apostrophe marquant la voyelle absente.

L' villach' (le village)

L' dallach' (le bazar, le désordre)

L' tap' (la table)

L' pann' (la tuile)

Quand plusieurs consonnes se suivent, pour faciliter la prononciation, on peut faire précéder l'article de la voyelle de soutien **e**, qu'on prononce **é** ou **eu** ; d'où les articles **èl** ou **eul** :

El' courti (le potager)

El' pinte (la pinte = un demi-litre)

El' voyette (l'allée, le sentier)

Eul' gampe (la jambe)

Eul' cuiche (la cuisse)

Bien souvent, l'article est remplacé par un démonstratif, qui permet d'insister sur le nom :

Chell' finme (la femme)

Ch'l homme (l'homme)

Chell' finme, ale est partie de s' mason. (La femme est partie de chez elle.)

L'article défini pluriel

L'article pluriel est identique à celui du français : **les**. Comme au singulier, l'article peut être remplacé par le démonstratif :

Les séries (les soirées, les veillées)

Ches cliques (les groupes, les familles)

Dins ches séries, à l' timps passé, in racontot d' bielles histoères ! (Autrefois, on racontait de belles histoires dans les veillées !)

Ce dialecte semble vraiment facile : on pourrait croire que l'article est exactement le même qu'en français… Mais rappelez-vous qu'il faut essayer d'utiliser avant tout **ches !**

L'article indéfini singulier

L'article indéfini masculin est **in, én', eun'** (devant voyelle) :

Eun' ernu (un orage)

In bricoleux (un bricoleur)

L'article indéfini féminin est, **éne, eune** :

Eun' om'lette (une omelette)

Eun' voyette (une allée de jardin, un sentier)

Enn' broufe (une chute [d'un objet])

L'article indéfini pluriel **des** est identique au français :

Des moules cuites (des personnes molles, sans énergie : se dit aussi en français)

Les noms et les adjectifs

Ils s'accordent bien entendu en genre (masculin, féminin) et en nombre (singulier, pluriel), comme dans notre langue.

Eun' pof' dintelière (une pauvre dentelière) / **des pof's dintelières** (des pauvres dentelières)

Eul' vielle abie (la vieille abbaye) / **ches vielles abies** (les vieilles abbayes)

Les pronoms personnels

Les pronoms sujets

Voici une petite liste :

Ej ou j'	Je
Tu / t' ou te	Tu (te se prononce **té** ou **teu**)
I / al ou ale	Il/elle
Os	Nous (**os** se prononce **o** devant consonne)
Os	Vous (**oz** devant voyelle)
I (**iz**, avec la liaison)	Ils
All'(s)	Elles

Les 1re et 2e personnes du pluriel s'emploient de moins en moins dans la langue familière. On les remplace par on suivi de la 3e personne du singulier.

Conjuguons un verbe pour nous entraîner à utiliser ces pronoms : **Je cache après l'ozio**. (Je cherche l'oiseau.)

J' cache	Je cherche
Te caches	Tu cherches
I cache	Il cherche
Al' cache	Elle cherche
Os cachons	Nous cherchons
Os cachez	Vous cherchez
I cach'tent	Ils cherchent
All' cach'tent	Elles cherchent

Les pronoms COD (compléments d'objet direct)

Voilà un terme que vous n'avez plus entendu depuis des années, ou bien dans une ou deux émissions télévisées peut-être…

J'ai k'minché l' fricasse. (J'ai commencé la fricassée.)

J' l'ai kminchée. (Je l'ai commencée.)

L' qui remplace **la fricasse** est un pronom personnel COD du verbe commencer.

Voyons d'autres formes. Les pronoms personnels COD du chti sont presque identiques à ceux du français : **me, te, le, nos, vos, les**. Exemple :

Te m'as ker (tu m'aimes)

La voyelle **e** s'amuït, si le verbe qui suit commence par une voyelle. La suite logique est donc :

Ej t'ai quer (je t'aime)

J' l'ai mouzé (je l'ai boudé)

I nos ont ravisés (il nous a regardés)

J' vos ai obliés (je vous ai oubliés)

J' les ai sintis (je les ai sentis)

Les pronoms COI (compléments d'objet indirect)

Au singulier, ils prennent les formes suivantes : **me, te, li** ; au pluriel : **nos, vos, leur**. Prenons par exemple la phrase : **Un homme i muche eun' séquoi à s' finme !** (Un homme cache quelque chose à sa femme !) **A s' finme** est le COI du verbe mucher. Remplaçons-le par un pronom : **S'n homme i li muche eun' séquoi !** (Son mari lui cache quelque chose !) Des souvenirs doivent vous revenir à la mémoire...

Te m'as payé ? (Tu m'as payé ?)

Ej t'ai trouvé ! (Je t'ai trouvé !)

J' li ai réclamé. (Je lui ai réclamé.)

I nos ont espliqué. (Ils nous ont expliqué.)

I vos ont assommmés. (Ils vous ont assommés.)

Ej leur ai jué un tour ! (Je leur ai joué un tour !)

Les formes fortes des pronoms

Après les prépositions, ou en sujet renforcé, on peut trouver : **mi** (moi) ; **ti** (toi) ; **li** (lui) ; **al** (elle) ; **os** (nous) ; **os** (vous) ; **eusse** (eux) ; **all'** (elles). Voici une série d'exemples :

T'as buqué à s' porte à li ? (Tu as frappé à sa porte à lui ?)

J' l'ardis à eusse ! (Je le dis de nouveau pour eux !)

Une variante existe : T'as buqué à s' porte à chti là ! J' l'ardis à cheux là !

Ti, te busies com mi ? (Toi, tu penses comme moi ?)

Bin atombé pou ti ! (Ça tombe bien pour toi !)

Les verbes réguliers et irréguliers

Pour toutes les conjugaisons nous utiliserons les verbes : **minger** (manger), **finir** et **courir**. Ils sont respectivement les modèles des premier, deuxième et troisième groupes. Nous aurons aussi recours à un verbe irrégulier : **querre** (tomber). Les terminaisons qui caractérisent chaque groupe seront mises en évidence.

Les temps de l'indicatif

Le présent

Ej minge	**-e**
Te minges	**-es**
I /al minge	**-e**

Os mingeons	**-ons**
Os mingez	**-ez**
I mang'tent	**-tent**
Ej finis	**-is**
Te finis	**-is**
I finit	**-it**
Os finissons	**-ons**
Os finissez	**-ez**
I finistent	**-tent**

Ej cours	**-s**
Te cours	**-s**
I court	**-t**
Os courons	**-ons**
Os courez	**-ez**
All' courtent	**-tent**

Le présent ressemble beaucoup à notre présent français, sauf à la 3e personne du pluriel et dans certains verbes irréguliers :

Ej qués

Te qués

I quét

Os quéons

Os quéïez

All' quettent

Malgré une certaine irrégularité, ces verbes possèdent les mêmes terminaisons que ceux du troisième groupe comme courir (**-s, -s, -t, -ons, -ez, -ent**).

Les temps du passé

Passé composé :

J'a mingé

T'as mingé

I a mingé

Os avons mingé

Os avez mingé

Iz ont mingé

J'a fini

T'as fini

I a fini

Os avons fini

Os avez fini

Iz ont fini

J'a couru

T'as couru

I a couru

Os avons couru

Os avez couru

All's ont couru

J'a quéü

T'as quéü

I a quéü

Os avons quéü

Os avez quéü

All's ont quéü

Imparfait :

J' mingeos

Te mingeos

I mingeot

Os mingeonmes

Os mingettes

I mingeottent

J' finissos

Te finissos

I finissot

Os finissonmes

Os finissettes

I finissottent

J' couros

Te couros

Al courot

Os couronmes

Os courettes

All' courottent

J' queïos

Te queïos

Al queïot

Os queïonmes

Os queïettes

All' queïottent

Récapitulatif des terminaisons de l'imparfait :

1re personne du singulier : **-os**

2e personne du singulier : **-os**

3e personne du singulier : **-ot**

1re personne du pluriel : **-onmes**

2e personne du pluriel : **-ettes**

3e personne du pluriel : **-ottent**

Plus-que-parfait :

J'avos mingé

T'avos mingé

I avot mingé

Os avonmes mingé

Os avettes mingé

Iz avottent mingé

J'avos fini

T'avos fini

I avot fini

Os avommes fini

Os avettes fini

Iz avettent fini

J'avos couru

T'avos couru

I avot couru

Os avommes couru

Os avettes couru

All's avottent couru

J'avos quéu

T'avos quéu

I avot quéu

Os avommes quéu

Os avettes quéu

All's avettent quéu

Le futur

Ej mingerai

Te mingeras

I mingera

Os mingerons

Os mingerez

I mingeront

J' finirai

Te finiras

I finira

Os finirons

Os finirez

I finiront

J' courrai

Te courras

Al courra

Os courrons

Os courrez

All' courront

J' querrai

Te querras

Al querra

Os querrons

Os querrez

All' querront

Récapitulatif des terminaisons du futur :

1re personne du singulier : **-rai**

2e personne du singulier : **-ras**

3e personne du singulier : **-ra**

1re personne du pluriel : **-rons**

2e personne du pluriel : **-rez**

3e personne du pluriel : **-ront**

Il suffit d'ajouter à l'infinitif du verbe les terminaisons du verbe avoir au futur.

Le conditionnel

Le conditionnel est le mode de l'éventuel. Pour le conjuguer, il suffit de remplacer les terminaisons du futur par celles de l'imparfait.

Ej mingeros

Te mingeros

I mingerot

Os mingeronmes

Os mingerettes

I mingerottent

J' finiros

Te finiros

I finirot

Os finironmes

Os finirettes

I finirottent

J' courros

Te courros

Al courrot

Os courronmes

Os courrettes

All' courrottent

J' querros

Te querros

Al querrot

Os querronmes

Os querrettes

All' querrottent

Récapitulons les terminaisons du conditionnel chti :

1re personne du singulier : **-ros**

2e personne du singulier : **-ros**

3e personne du singulier : **-rot**

1re personne du pluriel : **-ronmes**

2e personne du pluriel : **-rettes**

3e personne du pluriel : **-rottent**

Quelques exemples à l'indicatif

Avant d'explorer le « pays » du subjonctif, arrêtons-nous sur des exemples qui nous aideront à bien mémoriser ce que nous venons de voir ensemble…

J'auros pas l' cœur tranquille ! (Je n'aurais pas le cœur tranquille !) Nous avons employé la 1re personne du singulier du conditionnel du verbe **avoer**.

I est pos incore rev'nu de s' boutique ! (Il n'est pas encore revenu du travail !) Nous avons employé la 3e personne du singulier du passé composé du verbe **revenir**.

Te n' rapasseras pos par min villache ! (Tu ne repasseras pas par mon village !) Nous avons employé la 2e personne du singulier du futur du verbe **rapasser**.

In dot importer l'pétrole ! (On doit importer le pétrole !) Nous avons conjugué la 3e personne du singulier du présent de l'indicatif du verbe **devoer**.

Os m'avettes ermis del goutte ? (Vous m'avez remis de la goutte ? — La goutte est la liqueur préférée des femmes…) Nous avons conjugué la 2e personne du pluriel du plus-que-parfait du verbe **ermette**.

J'arculos et i m'est rintré n'dins ! (Alors que je reculais, il m'a percuté !) Nous avons employé la 1re personne du singulier de l'imparfait du verbe **arculer**.

Le subjonctif

Au présent, le subjonctif se conjugue de la façon suivante :

Que j' minge

Qu' te minges

Qu'i minge

Qu'os mingeonches

Qu'os mingèches

Qu'i minch'tent

Que j' finisse

Qu' te finisses

Qu'i finisse

Qu'os finissonches

Qu'os finissèches

Qu'i finissent

Que j' coure

Qu' te coures

Qu'al coure

Qu'os couronches / qu' os courommes

Qu'os courèches

Qu'all' courtent

Que j' quèche

Qu' te quèches

Qu'al quèche

Qu'os queïonches / qu'os queïommes

Qu'os queïèches

Qu'all' quèch'tent

Récapitulons les terminaisons du subjonctif présent chti pour les personnes du pluriel :

1re personne du pluriel : **-onches**

2e personne du pluriel : **-èches**

3e personne du pluriel : **-tent**

Reprenez votre souffle. Voici, à présent, le subjonctif passé :

Qu' j'euche mingé
Qu' t'euches mingé
Qu'i euche mingé
Qu'os ayonches mingé
Qu'os ayèches mingé
Qu'iz euchent mingé

Qu' j'euche fini
Qu' t'euches fini
Qu'i euche fini
Qu'os ayonches fini
Qu'os ayèches fini
Qu'iz euchent fini

Qu' j'euche couru
Qu' t'euches couru
Qu'i euche couru
Qu'os ayonches couru
Qu'os ayèches couru
Qu'iz euchent couru

Qu' j'euche quéü
Qu' t'euches quéü
Qu'i euche quéü
Qu'os ayonches quéü

Qu'os ayèches quéü

Qu'iz euch'tent quéü

C'est tout ! Il nous reste seulement à donner quelques exemples pour illustrer ces belles conjugaisons :

J' voudros qu' te t'inclumisses ! (Je veux que tu t'endormes !) Nous avons conjugué la 2e personne du singulier du subjonctif présent du verbe **s'inclumir**.

J'auros voulu qu'os l'ayèches incaché ! (J'aurais voulu que vous l'ayez poursuivi !) Nous avons conjugué la 2e personne du pluriel du subjonctif passé du verbe **incacher**.

Les négations

La négation varie selon les régions. Dans la région de Lille, on entend le plus souvent la négation **nin** (non) : **J'ai nin vu passer le train** (Je n'ai pas vu passer le train). Dans le Pas-de-Calais, la négation la plus fréquente est pon (point) : **Té m'avos pon dit k' tè t' marios !** (Tu ne m'avais pas dit que tu te mariais !) Le plus souvent elle est prononcée avec un **a** qui ressemble à un **o** : **J' peux pos, i n' veul'tent pos**. (Je ne peux pas, ils ne veulent pas.)

Chapitre 3

Tout est affaire de chiffres

Dans ce chapitre :

- Les nombres cardinaux
- Les nombres ordinaux
- Les calculs
- Lille en chiffres
- L'argent
- Le calendrier

Les nombres cardinaux

L'utilisation des nombres dans une journée est fréquente. L'homme a besoin de calculer :

J' suis malate, j'ai quarinte eud' fief ! (Je suis malade, j'ai quarante de fièvre !)

J'ai vingt chiz ins. (J'ai 26 ans.)

J' pars tros s'maines in Gwad'loupe. — Pourquo, pour ouvrer ? (Je pars trois semaines en Guadeloupe. — Pourquoi, pour travailler ?)

J' prindrai quat' lif' eud burre. (Je prendrai quatre livres de beurre.)

Les chiffres ont donc une grande importance. Ils permettent en particulier de comprendre une conversation. **Alors, pou pos rester biête et n' pos savoer que répondre… os devrez les connaîte com' ches tapes eud multiplication** (Alors, afin de ne pas se trouver bête et de ne savoir que répondre…

vous devrez les connaître comme les tables de multiplication). Ils sont utiles dans beaucoup d'endroits… au café, à la gare, chez un marchand quelconque ou dans l'utilisation d'un service : **A ch' pub, os commindrez et os direz qu' ch'est ker. Quind in a connu eul bière à dix frincs, ch'est toudis malheureux eud' laicher a cht' heure pus du doube… pou n'in consommer foque eune !** (Dans un pub, vous commanderez… et vous vous apercevrez que c'est cher ! Quand on a connu la bière à 10 francs, c'est toujours déplaisant de laisser de nos jours plus du double… pour n'en consommer qu'une seule !)

Les chiffres sont dans leur prononciation très proches du français. Si vous avez un doute, prononcez-les comme en français.

Tableau

De 1 à 10	
In, eune	**1**
Deus	**2**
Tros	**3**
Quate	**4**
Chinq, chonq	**5**
Sich	**6**
Sièt	**7**
Uit	**8**
Neu	**9**
Dich	**10**

La dijain.ne (la dizaine)

De 11 à 16	
Onse	**11**
Dousse	**12**
Trèsse	**13**
Quatorze	**14**
Quinse	**15**
Sèse	**16**

Saviez-vous qu'un numéro se dit **un liméro** ? Ainsi, on a **l'apparel photo limérique**, c'est-à-dire l'appareil photo numérique.

De 17 à 19

Dich sièt	**17**
Dich uit	**18**
Dich neu	**19**

De 20 à 21

Vint	**20**
Vint et un	**21**
Vint deu	**22**
Vint tro	**23**
Vint quate	**24**
Vint chonq	**25**
Vint sich	**26**
Vint sièt	**27**
Vint uit	**28**
Vint neu	**29**

De 30 à 90

Trinte	**30**
Quarante	**40**
Chincante	**50**
Sochante	**60**
Sochante diche	**70**
Sochante et onse	**71**
Sochante douse	**72**
Quater vint	**80**
Quater vint diche	**90**

De 100 à 900

Un chint	**100**
Deu chints	**200**
Tros chints	**300**
Quate chints	**400**

Chinq chints	**500**
Six chints	**600**
Sièt chints	**700**
Uit chints	**800**
Neu chints	**900**

Grâce à ce que vous venez d'apprendre, vous allez pouvoir vous intéresser aux altitudes des villages ou des monts de la région.

INFO CULTURELLE

Cassel est la capitale de la Flandre française. Son nom dérive de *Castellum Menapiorum*, c'est-à-dire la forteresse des Ménapiens (nom d'un peuple gaulois arrivé de l'est aux environs du IIIe siècle avant J.-C.). Cette ville est située dans le *département du Nord, sur l'un des monts de Flandre, qui porte son nom.* Culminant à 176 mètres d'altitude, le mont Cassel est une relique de l'ère tertiaire. Il domine la plaine des Flandres maritimes française et belge. Cependant, le point culminant régional se trouve dans les monts de Baives (239 mètres), dans l'Avesnois. À l'époque romaine, Cassel constituait un des deux grands nœuds routiers du nord de la ***Gaule***. Il devint un centre urbain important pour les Ménapiens grâce à l'essor de la civilisation romaine.

Au-delà de 1000

Mile	**1000**
Tros miles	**3000**
Un million	**1 000 000**
Deus millons	**2 000 000**
Un millard	**1 000 000 000**

Les nombres ordinaux

Ils servent à établir un ordre. Nous les utilisons très souvent : **Min fieu, ch'est l' prinmier de l' classe**. (Mon fils est premier de sa classe.)

Prinmier/prinmière
Deusième / sgond/sgonde
Trojième
Quatième
Chinquième
Sichième
Sètième
Uitième
Neuvième
Dichième
Onzième
Dozième
Vintième
Chinquintième
Chintième
Millième

Eul dérain et l' dérain.ne sont respectivement le dernier et la dernière !

Ch'est m' trosième fos à Bailleul. (C'est la troisième fois que je viens à Bailleul.)

Mes hommes, ch'est tertous des albrans. Li, ch'est l' dosième equ' j'allote. Alfos, j' me d'minde ch' k' iz ont dins leur tiète. Ch'est des bras cassés. Is albaudent toudis. — Arrête un tiot peu d' faire eut' biête imblaïeuse ! (Mes employés sont tous mauvais, lui, c'est le douzième que je secoue. Parfois, je me demande ce qu'ils ont dans la tête. Ce sont des bras cassés. Ils sont fainéants. — Arrête… mauvaise langue !)

Notons au passage une expression du même registre : **eune brinke ed thym**. Elle est un équivalent de **boubourse** mais possède un sens affectif. Ainsi en français, on dirait de quelqu'un : « Il est con celui-là ! » sans penser vraiment qu'il le soit, mais en considérant qu'il a fait une bêtise ou une farce. On pourrait aussi traduire par « mariol ». **Eune brinke/branke** désigne à l'origine une branche, mais **un**

branke est aussi un malade ou un fou. Quant au terme **branquignol**, il signifie à la fois **boubourse** et bon à rien !

Ch'est l'onzième cop que j' te l' repète... T'as du brin à tes orelles ou quo ? (Pour la onzième fois... Tu ne te laves pas les oreilles ? Tu as les oreilles bouchées ?)

INFO CULTURELLE

Continuons avec les chiffres... voici une partie de l'histoire lilloise

Lille est la préfecture du département du Nord et de la région Nord-Pas-de-Calais ; elle compte plus de 220 000 habitants. C'est la ville principale d'une métropole qui englobe Roubaix, Tourcoing et Villeneuve-d'Ascq. À notre époque où les frontières sont si facilement franchies, elle est devenue le centre d'une zone internationale qui s'étend jusqu'en Belgique, dans une partie de la Wallonie, avec les villes de Mouscron, Courtrai, Tournai et Menin. La population de cette région est proche de 2 millions d'habitants.

Le nom de Lille correspond à une « île » de la vallée de la Deûle, sur laquelle elle a été fondée. En effet, son nom primitif est Lisle (du latin *insula*). Il s'agissait plutôt d'un marécage, de terres entrecoupées de nombreux canaux, qui ont été recouverts ultérieurement. En revenant de Belgique, faites bien attention. Sur les panneaux autoroutiers, au lieu de Lille, vous lirez Rijsel. C'est la traduction de Lille en flamand.

Lille est une ville de langue romane. Ayant été le lieu de résidence du comte de Flandre dans les siècles anciens (la première charte accordée par le comte aux bourgeois de Lille date de 1066), elle est considérée comme la capitale des Flandres mais n'a jamais fait partie de l'aire linguistique du néerlandais. Elle se trouve à la charnière des deux dialectes.

À la mort, en 1384, de la comtesse Marguerite de Flandre qui avait épousé Philippe le Hardi, duc de

Continuons avec les chiffres... voici une partie de l'histoire lilloise

Bourgogne, le comté de Flandre est intégré au duché de Bourgogne. Ensuite, c'est toujours par une succession d'alliances que Lille fit partie des « Pays-Bas » et fut soumise, de ce fait, au royaume d'Espagne (1477). C'est de cette période (1re moitié du XVIIe siècle) que date le chef-d'œuvre d'architecture de la Vieille Bourse. Louis XIV conquit la ville en 1667 et Vauban la fortifia. La citadelle peut être visitée certains jours.

Si vous entendez parler du Vieux-Lille, il s'agit d'un quartier situé au nord de Lille. Par toutes ses rues pavées, ce quartier illustre bien la « physionomie » de la ville au XVIIIe siècle. Le style « lillois » de ses maisons, la beauté de leurs sculptures attirent l'attention de nombreux touristes étrangers. bitude » ou encore « C'est coutumier pour lui ».

Les calculs

Un tiot peu d' carculs (un peu de calculs) : parlons à présent des pourcentages et des fractions. Vous entendrez souvent : un **d'mi**, un **tiers**, un **quart**, un **chinquième**, et ainsi de suite, selon les nombres ordinaux que nous avons vus plus haut. Toujours en faisant appel à vos connaissances, vous devinerez la suite pour les adverbes correspondants : **prinmièr'mint, deusièm'mint, trojièm'mint**.

Un problème de pourcentages : **Si qu' j'ai vin' tros pou chint et qui m' faut attinde les sossante, combin qui m' minque ? — J' cros bin qui te faudra trinte siet pou chint. Quo k' t'in pinches ?** (Si j'ai 23 pour cent et que j'en veuille 60, combien m'en manque-t-il ? — Je crois qu'il en faut 37. Qu'en penses-tu ?)

Attention : ne confondez pas **pou chint et pouchins** ! **Un pouchin** est le petit de la poule : un poussin. **Quo qui piaill'tent ches pouchins !** (Ils piaillent beaucoup les poussins !)

Parlons argent

On ne peut pas parler de chiffres sans parler d'argent. C'est inévitable ! Même si dans les banques, et à n'importe quel guichet, on parle français, vous devez connaître quelques rudiments du dialecte lillois sur ce point.

Os pourrettes m' quinger deux billets d' chinq cont' un billet d' dich ? (Vous pourriez m'échanger deux billets de cinq contre un de dix ?)

J' m' in vais/vas r'tirer des sous... te m'attinds hein... ? (Je m'en vais prélever de l'argent... tu m'attends, n'est-ce pas... ?)

Si qu'os voulètes, je n' vos incaisseros vot' chèque que dins un mos. (Si vous le vouliez, j'encaisserais votre chèque dans un mois seulement.)

Te l'as fait tin virmint... ? — Ouais, aïer, ej n'ai même un r'su ! (As-tu fait ton virement ? — Oui, hier, j'ai même un reçu !)

Ureusmint, in Urope, os acatons aveuc nos uros, ch'est pus aisi/aju ! (Heureusement, nous réglons nos achats en euros en Europe, c'est plus aisé !)

Jours, mois, saisons

Grâce à cette section, vous allez penser que le chtimi est vraiment facile. Vous vous direz certainement : **Pourko avoer queusi un tel bouquin, si tout ch' qui a n'din, j' le sais d'ja !** (Pourquoi avoir choisi ce livre, si j'en connais déjà le contenu !) Même si certains mots sont transparents, il s'agit d'acquérir des automatismes. Il faut que votre chti soit spontané et parfaitement assimilé. Ainsi, commençons par les jours de la semaine :

Lundi (lundi)

Mardi (mardi)

Mékerdi (mercredi)

Juédi (jeudi)

Jusque-là tout paraît simple, mais si on ne vous donne pas les noms des jours… vous ne les connaissez pas ! D'ailleurs, **cha s'rot eune bleusse que d' dire que ch'est parel** (ce serait mentir que de dire que c'est pareil) ! Attention, le nom **bleusse** est aussi le féminin de bleu.

Verdi (vendredi)

Sinmdi (samedi)

Diminche (dimanche)

> Voici un proverbe qui colle bien un **diminche… Si l' pleuve quet quind l' curé proumène ches grinds-mères, i querra quèques gouttes tous les jours** (Si la pluie tombe quand le curé promène les grands-mères, quelques gouttes tomberont tous les jours !) Ce dicton rappelle la fête des Rogations, qui avait lieu les lundi, mardi et mercredi avant l'Ascension. Ces jours-là, le curé faisait une procession pour que Dieu bénisse la terre et favorise les récoltes. Il n'y avait guère que des vieilles femmes ces jours de semaine.

Continuons avec les noms des mois :

Jinvier (janvier)

Féverier (février)

March (mars)

Avri (avril)

In avri, n'ote point un fil ; in mai, fais ch'qu'i t'plaît ! (En avril, ne te découvre pas d'un fil. En mai, fais ce qu'il te plaît !)

Mai (mai)

Join (juin)

Juillet (juillet)

Août (prononcez **a.ou** : août)

Siétimbe (septembre)

Octobe (octobre)

Novimbe (novembre)

Déchimbe (décembre)

Noë aux moukrons, pâques aux glachons… (Noël au balcon, Pâques aux tisons…)

INFO CULTURELLE

Le palais des Beaux-Arts de Lille

Quelle que soit la saison, à Lille, on peut toujours visiter le palais des Beaux-Arts. C'est l'un des plus grands musées de France et le plus grand de province. Il a été parmi les premiers musées de notre pays : le décret Chaptal de 1801 (sous Napoléon) a désigné quinze villes, dont Lille, pour entreposer les œuvres saisies dans les églises et dans les pays occupés. Les« Watteau de Lille » sont les peintres Louis Joseph Watteau et François Watteau, qui ont été très impliqués dans la naissance du musée et dans son histoire. À proximité de ce palais des Beaux-Arts débouche la rue Watteau.

Celui-ci abrite désormais, sur plus de 22 000 mètres carrés, la seconde plus grande collection d'œuvres (sculptures, peintures, dessins, céramiques…) après celle du Louvre. Cette collection comprend notamment des œuvres de Raphaël, Donatello, Van Dyck, Rembrandt, Goya, le Greco, Courbet, Toulouse-Lautrec, Delacroix, Rubens, ainsi que les plans de certaines citadelles de Vauban, situées dans la région lilloise (Le Quesnoy-sur-Deûle, Condé-sur-Escaut, Maubeuge).

Pour finir, voici les quatre saisons, introduites par un petit proverbe : **Ivièr trop biau, été dins l'iau**. (Si l'hiver est beau, l'été sera très pluvieux.)

Aprésau (automne)

Ivièr (hiver)

Printimps (printemps)

Été (été)

À noter : devinez ce qu'est **l' belle ?**... C'est la lune ! **Pisque j' l'attindos, j'arvettos l' belle. Et j'y ai dit : « Quo qu' ch'est qu' te faisos ? »** (Tandis que je l'attendais, je regardais la lune ! Et je lui ai dit : « Que faisais-tu ? »)

Chapitre 4

Se saluer et faire connaissance

Dans ce chapitre :

- Le tutoiement et le vouvoiement
- Les salutations
- Les présentations
- Inciter quelqu'un à parler
- Parler de votre travail
- Demander et donner un numéro de téléphone
- La famille
- Parler du temps
- Excusez-moi, je n'ai pas tout compris

Votre première prise de parole en chti sera certainement la suivante : **Bojour ti z'aute !** (Bonjour toi !) Si on veut vous mettre à l'aise tout de suite, on vous répondra : **Salut biloute !** (Salut toi !) Dès lors, vous ne pourrez plus reculer. Vous avez commencé une conversation en choisissant de parler chtimi. Sans doute, vous auriez pu utiliser la langue française… plus facilement ! Mais les personnes ont tendance à juger autrui au premier contact, et ici, vous avez marqué des points : un **ti z'aute** bien placé est toujours efficace.

Le tutoiement et le vouvoiement

Vous vous demandez si vous devez tutoyer ou vouvoyer… Trois cas de figure sont à envisager :

1. Vous attendez que votre interlocuteur demande : **Komint qu' te vas ?** ou **Comint qui va ?** (Comment vas-tu ?). Vous saurez ainsi que vous devez à votre tour le tutoyer : **Cha va, et ti ? — Fin bien, fin bien !** (Ça va, et toi ? — Très bien, très bien !)

2. Vous prenez l'initiative. Les gens du Nord, très amicaux d'entrée de jeu, ne vous reprocheront jamais d'avoir brisé la glace, bien au contraire. Si vous les vouvoyez, ils vous demanderont d'arrêter sur-le-champ. Si vous persistez, ils finiront par dire que vous êtes un **gasconneux** ! L'homme qui **gasconne** est celui qui s'écoute parler.

3. Vous tenez compte des moments où il convient de vouvoyer une personne. Il faudra le faire dans le cadre professionnel si vous êtes en présence de votre nouvel employeur ou devant une nouvelle relation de travail plus âgée. Encore une fois, vous entendrez rapidement : **Te rigoles eud' min nez, arrête ed' faire tin frimeux… Te peux m' tutoyer, te sais !** (Tu te moques de moi, ne fais pas ton intéressant… Tu peux me tutoyer tu sais !) Évidemment, le vouvoiement reste obligatoire lorsque la différence d'âge est flagrante. Ainsi, un jeune homme de 14 ans, s'adressant à un homme de 70 ans (cinq fois son âge), le vouvoiera !

Pour conclure, je dirais que le tutoiement s'imposera dans 95 pour cent des situations les plus diverses. C'est pourquoi la plupart des phrases de ce livre sont à la 2e personne du singulier. Cette tournure est la plus courante dans le parler chti. Aussi, quand vous rencontrerez une conjugaison à la 2e personne du pluriel avec **os** (dans cet ouvrage aussi bien que sur place), vous vous surprendrez à dire : **V'là aut' cosse ichi… j' savos nin k' cha s' disot come cha… t'es sûr qu'in dit « os arvindrez eun'aute fos » ?** (Voilà autre chose… Je ne savais pas que ça se disait ainsi… tu es certain que l'on dise « vous reviendrez plus tard » ?)

Les salutations

C'est incontestable, les Chtis sont ouverts et font preuve d'une hospitalité sans bornes. Cela se ressent dans le comportement et dans la manière de se saluer. Voici diverses façons de s'aborder ou de se quitter :

Bojour mes gins ! se dit en s'adressant à plusieurs personnes réunies. Littéralement, l'expression signifie : « Bonjour mes gens », mais la traduction la plus proche est plutôt : « Bonjour à tous ! »

Salut frangin ! se dit aussi bien quand on se voit pour la première fois de la journée qu'en se quittant. C'est un peu comme le « ciao » italien !

Bonsoer, v'là m' tiète, min cul y vint. (Bonsoir, voilà ma tête, mes fesses arrivent). Cette expression est destinée à créer une bonne ambiance dès lors que l'on arrive chez quelqu'un… Elle incite à penser que l'on est jovial, prêt à communiquer… bref, dans de bonnes dispositions ! Elle permet une bonne entrée en matière lorsque l'on rend visite à des amis ou à de la famille. Vous pouvez aussi dire : **V'là m' tiète… et ch'est d'jà pos mal, car sins eune bonne tiète… j'iros nin loin !** (Voilà ma tête… et c'est déjà bien, car sans tête… je n'irais pas loin !) C'est une varaiante de la première plaisanterie, somme toute plus subtile...

Bonne nuit, fais de biaux rêves ! Ch'est à ch' momint là qu' te peux quinter eul' quinchon dormoire eud' Desrousseaux : « Dors min p'tit quinquin »… (Bonne nuit, fais de beaux rêves ! C'est alors qu'on peut chanter la berceuse de Desrousseaux : « Dors mon petit quinquin »…)

A t'à l'heure (À tout à l'heure)

A l'arvoïure (Au revoir)

Adé (À plus tard)

Arvoir (Au revoir)

Répondre à une salutation

Souvent accompagné de la question : « Comment ça va ? », le salut doit être rendu. Cela laissait un de mes professeurs de philosophie songeur… D'après lui, cette question, que posait jadis le médecin, est en fait une abréviation de : « Comment ça va… à la selle ?» Pendant quelque temps, vous n'entendrez plus cette simple question de la même manière. Mais rassurez-vous… cela ne durera pas ! Cependant, évitez de répondre : **Qu'est-que cha peut t' foute… ? Va vir ailleurs si j'y suis !** (Qu'est-ce que ça peut te faire… ? Va voir ailleurs si j'y suis !)

Si vous vouvoyez la personne et qu'elle vous demande : **Bojour, os allez bin ?** (Bonjour, vous allez bien ?), votre réponse sera : **Vraimint bin, j' vos armerchie et vos ? Si vous la tutoyez, à la question : Salut dam, te v'là, komint k' te vas ?** (Salut Damien ! te voilà, comment vas-tu ?), vous répondrez : **Cha va merchi, et ti ?**

Il existe une forme d'échange intermédiaire : **Bojour, komint qu'i va ? — Cha va, cha va… on va nin braire !** (Ça va, ça va… on ne va pas pleurer [sur notre sort] !) Dans cet exemple, on ne sait pas si le vouvoiement ou le tutoiement est d'habitude utilisé. En tout cas s'il s'agit du vouvoiement, la question implique que les deux personnes se connaissent assez bien et se rencontrent souvent. Dans la réponse, seul le ton employé indiquera si l'on va bien ou non, car quelqu'un de très heureux peut très bien s'exclamer qu'il ne va pas pleurer !

On peut répondre également :

Millard ! J'ai ma tut partut. — Ch'est cha quind in viusit ! (Punaise ! J'ai mal partout. — C'est ça quand on vieillit !)

— Cha s'rot ti à m' plache… te riros nin… ou moins ! (Ça serait toi, à ma place… tu ne rirais pas… ou moins !)

J' suis tout défoutu ! — T'es un plaingeux ! Va donc racoiner ! (Je suis découragé ! — Tu te plains sans cesse ! Va bouder dans un coin !)

La gestuelle

Les poignées de main sont franches et toujours très amicales, sinon elles n'ont aucun intérêt ! Vous pouvez même faire **eune baisse** (une bise) selon les mêmes codes que dans le reste de la France. Cependant, vous en ferez quatre aux personnes que vous appréciez et deux aux autres. Vous vous limiterez également à deux (ou une pour les radins !) quand vous serez pressé ! En arrivant dans une pièce bondée, vous pouvez utiliser l'expression passe-partout : **Salut tertous !** (Salut à tous ! / Salut à tout le monde !)

La bise se fait entre femmes et entre hommes et femmes (sauf dans les relations de travail, comme des rendez-vous d'affaires, où la poignée de main est de rigueur). Deux hommes peuvent se faire la bise s'ils sont de la même famille ou s'ils sont très complices. On donnera l'accolade aux personnes que l'on n'a pas vues depuis un temps certain. Vous montrerez ainsi que vous vous êtes manqué mutuellement. Rien ne vous interdit de faire la bise à une personne que vous rencontrez pour la première fois !

Dire au revoir

Lorsque vous quittez une personne ou un groupe vous pouvez dire de manière neutre :

À ches fêtes. (À bientôt.)

À d'main. (À demain.)

Arvoir. (Au revoir.)

À pus tard, ch'étot très agréape ! (À plus tard, c'était très agréable !)

Rindez-vous sinm'di matin à chinq heures. (Rendez-vous samedi matin à 5 heures.)

À l'après nenne / À l'après-déner. (À cet après-midi.)

Quand vous connaissez davantage la personne, vous pouvez vous exclamer :

À d' suite ! (À tout de suite !)

À plus ! (À plus tard !)

À un d' ches quattes, bonne chince ! (À un de ces jours, bonne chance !)

Pour tout savoir sur les jours et les heures, reportez-vous au chapitre 7.

Les présentations

Se présenter

Lorsque l'on rencontre une nouvelle personne, on se présente. On dit qui l'on est, d'où l'on vient et bien souvent on parle d'une ou plusieurs connaissances communes. On peut aussi le faire devant une assemblée. Les phrases qui suivent sont à utiliser en toutes circonstances :

J' su Jin-Claude et j' vins d' Bailleul. (Je suis Jean-Claude et je viens de Bailleul.)

Permettez-me d' vos présinter em' fiancée, al s'appelle Paulette. Al reste à Armentières (Permettez-moi de vous présenter ma fiancée Paulette. Elle habite Armentières.) Cette présentation est vraiment très formelle.

Pierre, ch'est mi, et li, ch'est Arnaud ! Fais gaffe, ch'est un maque à pert ! (Je suis Pierre, et lui, c'est Arnaud ! Fais attention, il est très égoïste !)

Ici, on se présente à une seule personne :

Min nom ch'est Gaston ! Te connos nin Raoul ? Ch'ti qui vivot à Loos. — Tout cha ch'est des coules, i restot à Godewarsvaelde. (Mon nom est Gaston ! Connaîtrais-tu Raoul ? Celui qui vit à Loos. — Tu racontes des bêtises, il habitait Godewarsvaelde.)

Voici deux autres synonymes de **coule** : **cacoule** et **craque**. **Te racontes des craques et bin souvint des cacoules !** (Tu racontes des « conneries » et bien souvent des grosses bêtises !)

Présenter d'autres personnes

Nous l'avons vu, présenter quelqu'un est facile. Complétons cette section par la suite probable des présentations. On introduit généralement une personne dans un groupe en disant qui elle est, ce qu'elle fait et d'où elle vient. À moins qu'elle ne le fasse elle-même !

J' vous présinte Émilie, al fait avocate à Roubaix. (Je vous présente Émilie. Elle est avocate à Roubaix.)

Voichi eum' grinde file, elle vint d' rintrer in clache eud' chinquième ! (Voici mon aînée. Elle vient de rentrer en classe de cinquième !)

Lorsqu'on fait la connaissance d'une nouvelle personne, on pourra lui dire comme dans ce petit dialogue humoristique :

— Contint de t' rincontrer ! D'pis l' timps qu'in m' martelle les orelles avec ti ! (Content de te rencontrer ! Depuis le temps qu'on me parle de toi !)

— In bien j'espère ? (En bien j'espère ?)

— Euh, nan pas vraimint ! (Euh, non pas vraiment !)

— Alors pourquo qu' t'es bénache de m' vir ? (Alors pourquoi es-tu heureux de me voir ?)

— Pou m' foute ed' tin nez, ch'est de t' coupe eud' ch'veux qu'in m'a tint parlé ! (Pour me moquer de toi, c'est de ta coupe de cheveux qu'on m'a tant parlé !)

— Ch'est l' coupe à David Pujadas, ch'est à l' mote te sais ! (C'est la coupe de David Pujadas, c'est à la mode tu sais !)

— Ouais ch'est cha, sur ches podiomes y sont tertous coffés com des d'ssous d' bras ! Bon allez, ch'étot pou rire... Te vins souvent ichi ? (Mais oui, tu veux me dire que sur les podiums de mode, les hommes se coiffent « comme des dessous de bras » ! Allez, c'était une blague… Tu viens souvent ici ?)

— **Au fait, inchinté !** (Au fait, enchanté !)

— **Mi ochi !** (Moi de même !)

Inciter quelqu'un à parler

Il n'est jamais facile de trouver des questions intéressantes lorsqu'on dialogue avec autrui. Mais les formuler dans une autre langue relève de la prouesse ! Aussi, nous vous proposons quelques questions types afin que vous n'en soyez pas réduit à un banal : « Bonjour, comment allez-vous ? » Ces phrases sont vraiment utiles, car vos interlocuteurs vous poseront à leur tour des questions et la discussion prendra forme.

In fait eune tiote parlotte ? (Faisons un brin de causette !)

Quo k' te pinches eud' min pili-pili et du picalilli ? (Que penses-tu de mon huile pimentée et de la sauce picalilli ?)

Eul pili-pili est l'huile que l'on met sur les pizzas (par exemple) afin d'en relever le goût. Elle peut également accompagner, selon l'envie du moment, les lasagnes, la paella, etc. À l'origine, il s'agit d'un piment rouge très, très fort. **Cha arrache !** Par extension, le **pili-pili** est devenu non plus la matière première mais le produit fini : l'huile.

Eul picalilli exalte les sens : sa couleur séduit les yeux, l'onctuosité et le croquant des légumes flattent le goût et le palais. C'est une sauce qui se consomme très souvent avec des frites ou de la viande. On en a même parfumé certaines chips.

T'es d'jà allé t' proumener dins ches Flindres ? Ch'est fin bio, te sais ! (Es-tu déjà allé te promener dans les Flandres. C'est très beau, tu sais !)

INFO CULTURELLE

La Flandre correspond sur le territoire français à l'ouest du département du Nord. Elle a pour capitale Lille. L'empreinte flamande se manifeste dans l'architecture lilloise. Celle-ci a influencé la majeure partie des pays du Nord. La Grand-Place d'Arras en est aussi un bel exemple. Les villes de Flandre ont chacune leur **beffroi**, vous trouverez toujours dans les villages un **estaminet** pour boire un coup (nous parlerons de ces bâtiments au chapitre 7) et de nombreux moulins dont les ailes tournent au vent. C'est un véritable paradis pour tous les randonneurs.

Rappelons l'histoire des Flandres, car bon nombre de Français ignorent que l'on parle encore le flamand en France ! Le mot flamand évoque toujours une personne de nationalité belge, alors qu'on compte deux Flandres en France.

La Flandre maritime

Le **Westhoek** français équivaut à la Flandre maritime, qui correspond à l'arrondissement de Dunkerque dans le département du Nord. Ses limites sont la mer du Nord, la frontière avec la Belgique, la rivière de la Lys au sud et la rivière de l'Aa à l'ouest. Le point culminant du **Westhoek** est le sommet du mont Cassel qui s'élève à 176 mètres. Comme nous l'avons dit, le **Westhoek** français est néerlandophone : on y parle le flamand occidental.

Les Flamands sont parvenus à conserver longtemps leur langue. Toutefois, la politique d'unification culturelle et linguistique s'est intensifiée en plusieurs étapes : d'abord, après la Révolution de 1789, puis avec l'école obligatoire de Jules Ferry, enfin par les collèges où vont les enfants des écoles primaires dès 11 ans, sans oublier l'influence de la télévision. Les dialectes ont peu à peu été remplacés par le français qui est la langue nationale. Ainsi, avant 1950, le littoral du Nord est devenu en quasi-totalité francophone. Il faut préciser que la Seconde Guerre mondiale a entraîné un recul significatif de l'usage de la langue. Le flamand occidental restait cependant assez répandu dans le **Westhoek** français dans les années 1970. Même si des centaines de personnes le parlent encore de nos jours, leur nombre diminue, et il varie selon les familles et les générations.

La Flandre romane

La Flandre romane correspond à la « châtellenie de Lille » (le Ferrain au nord, les Weppes à l'ouest, le Mélantois à l'est, la Pévèle au sud) et à une partie du Douaisis. La Flandre wallonne est une partie de l'ancien comté de Flandre. Elle désigne à peu près le même territoire que la Flandre romane, mais à deux époques différentes. Après le traité de Nimègue (Pays-Bas), mettant fin à la guerre de Hollande en 1678, la Flandre wallonne et la Flandre maritime ont été réunies sous l'appellation : province française de Flandre.

Si te connos tout cha, t'es d' min coin. (Si tu connais tout ça, tu es de chez moi. [Sinon, tu le seras un jour !])

Parler de votre travail

Après le salut puis les manifestations d'intérêt à l'égard de l'interlocuteur, vous parlerez certainement de votre occupation quotidienne, celle qui occupe 50 pour cent de votre vie. Que vous l'aimiez ou non, voici ce qu'on peut dire sur le sujet. Il faut d'abord noter que les expressions et proverbes sur le sujet ne manquent pas !

Y abat l' brouillard aveuc eun' perque. (Il abat le brouillard avec une perche.) On traduira volontiers par l'expression : « Il brasse », du vent ou de l'air, lorsqu'il est au travail !

Ch'est souvint l' lot des drissards ! (C'est souvent le lot des peureux ou des lâches !)

INFO CULTURELLE

Le bassin minier du Nord-Pas-de-Calais

Son exploitation dans le département du Nord a débuté à Anzin au XVIIIe siècle. Mais les recherches en Artois étaient restées peu fructueuses, en raison d'un changement d'orientation des veines. C'est donc par hasard, en creusant un puits artésien, qu'on en retrouvera la trace aux environs d'Oignies en 1841. Cette découverte sera le point de départ d'une vaste campagne de prospection qui aboutira à la création de nombreuses compagnies minières, nationalisées après 1945.

L'exploitation du gisement déclinera à partir de 1960 et sera définitivement arrêtée en 1990. Les études entreprises dès le début de 1974 par Charbonnages de France et les Houillères du bassin à la demande de la Délégation générale à l'énergie ont eu pour objet de procéder à la réévaluation des réserves exploitables selon les nouvelles conditions économiques et d'étudier les modifications éventuelles aux plans de production. Il en ressortait que l'avenir du bassin ne pouvait être profondément modifié. En effet, le quadruplement du prix du pétrole n'a pas suffi à transformer le « plan social » de conversion des houillères en plan de relance. C'est à Oignies également que sera extraite la dernière gaillette de charbon du bassin du Nord-Pas-de-Calais le 21 décembre 1990.

Pour parler de son métier, vous utiliserez la même construction qu'en français :

J' suis dintiste. (Je suis dentiste.)

J' fais militaire. (Je suis militaire.)

I fait toudis des infints sins cul. (Il fait toujours des enfants sans derrière.) Se dit d'une personne qui n'achève jamais son travail ou qui l'exécute mal !

J'ai d' l'ouvrache. (J'ai du travail.)

Ouvrer (travailler)

On ne peut pas parler de travail et occulter toute une page de notre histoire : la mine !

INFO CULTURELLE

Peut-être avez-vous déjà entendu parler de *corons* sans savoir ce que c'est ?

Un **coron** est un groupe de maisons ouvrières typiques des régions d'Europe occidentale à l'époque de la révolution industrielle (seconde moitié du XIXe siècle) construites par les Houillères pour leurs mineurs. Ces maisons étroites, à un étage, s'alignaient l'une contre l'autre et abritaient chacune une famille. Elles avaient toutes un petit jardin potager à l'arrière, que le mineur cultivait après son travail. Les maisons ouvrières étaient la propriété de la société des Houillères.

Les *Corons*, c'est aussi le titre d'une chanson interprétée par Pierre Bachelet. Cet hymne aux régions minières du nord de la France sortit en 1982 sur un disque 45 tours puis 33 tours. Le chanteur, bien qu'il ait passé son enfance loin des mines, à Calais, interprète avec simplicité et conviction un texte de Jean-Pierre Lang. Le texte retranscrit habilement, en peu de mots, l'ambiance particulière des Mines : la fierté des mineurs, leur paysage, leurs combats, leurs drames et leurs fêtes. La chanson a rapidement intégré le folklore de la région. Elle fait notamment partie des chants des supporters du club de football de Lens, qui l' interprètent à la mi-temps. De même, elle est devenue un refrain traditionnel lors des soirées d'étudiants du Nord.

Tin père étot peinte et ti, t' n'es qu'un barbouilleux. (Ton père était peintre, et toi, tu n'es qu'un barbouilleur.) Se dit d'une personne maladroite.

Te m' berzilles les coules à rabacher les histoeres de t' boutique ! (Tu me casses les… à toujours parler des histoires de travail !)

On évoque souvent le père dans les proverbes et expressions. Ainsi, on peut s'exclamer lorsque l'on veut se débarrasser de quelqu'un : Va-t-in Luc, tin père, i vindot du chuk ! (Va-t-en, Luc, ton père vendait du sucre !)

Mots clés

l'otile	le métier (du tisserand)
méd'sin	médecin
enseignint	enseignant
vindeux	vendeur
imployé	employé
mécanichien	mécanicien
boulinguer	boulanger
formarsien	pharmacien
ouverrier	ouvrier

Demander et donner un numéro de téléphone

N'oubliez pas de consulter le chapitre 3, si ce n'est pas encore fait, pour connaître la prononciation des chiffres. En effet, dans une langue il est très important de savoir utiliser les chiffres, car nous

nous en servons chaque jour. Nous les retrouvons dans les numéros de téléphone que nous composons, nous en avons besoin pour repérer une adresse, donner l'heure, faire nos achats, prendre le train, etc.

Petit rappel : **Un, deux, tros, quatte, chinq, sich, siet, huit, neu, diche,... quarinte,... chint,... chint mille**. Voici comment échanger des numéros de téléphone :

— **Alors mi ch'est le chint dix-huit... Deux... Nan, j'arrête eud' faire min mariole. Ch'est l' zéro sich, sossante-deux...** (Alors moi c'est le 118... 2... Non, j'arrête de faire le mariole. C'est le 06 62...)

— **Sossante-deux, méfie-te !** (Soixante deux, méfie-toi !)

— **Ouais, t'as raijon, i font toudis l' Jacques su ches routes.** (Tu as raison, ils font toujours les malins sur la route.)

Faire **l' Jacques** signifie aussi se faire remarquer, faire le sot ou « foutre le bordel ».

— **Ouais, mais ch'est com' ches blagues belches, eux, is ont les mêmes su nous autes ! Come disot Coluche : « Les Frinçais disent que les Belches sont biêtes à mincher du foin. Mais y a qu'à vir in Frince... y a plus ed' cons que d' Belches ! »** (Oui, c'est comme les blagues belges. Ces derniers ont les mêmes moqueries nous concernant. Comme disait Coluche : « Les Français disent que les Belges sont idiots. Mais en France, il y a plus de benêts que de Belges. »)

INFO CULTURELLE

62, méfie-te / méfit' ! (62, méfie-toi !) : les conducteurs du département du Nord utilisent beaucoup cette expression. Dès qu'ils aperçoivent une plaque immatriculée dans le Pas-de-Calais, ils disent : **62, méfie-te !** Les propriétaires de ces véhicules ont la réputation d'être de très mauvais pilotes. Eux-mêmes le savent et en jouent beaucoup. Par ailleurs, ils pensent la même chose des conducteurs du département du Nord. Enfin, ces **sisse-deux** ont repris fièrement cette expression à leur compte.

Ils crient haut et fort qu'ils appartiennent à ce département, qu'ils en sont fiers et qu'il faut se méfier… et pas seulement sur la route. C'est une manière de rire de soi, car ce slogan est avant tout humoristique. Il est devenu une marque déposée.

On peut aussi s'échanger les adresses mails, **chelles avec l'arobasse** (celles avec l'@) ! Mais on peut donner aussi son adresse personnelle. Qu'on habite en **appartemint ou dins eune maijon**, on dira toujours : **Vint chez mi, à m' barraque !** (Viens chez moi !)

— Dins min immeube, y a chinq' paliers ! (Il y a cinq paliers dans mon immeuble !)

— Combin ? (Combien ?)

— Chinq' ! (Cinq !)

— Bah, j' kerch'rai tin nom d'sus l'uche eud' toute manière ! (Je chercherai ton nom sur la porte de toute manière !)

Si vous venez dans le Nord et choisissez de loger dans un hôtel, vous direz : **J' suis au Stadhuis à côté du Grind Palais !** (Je suis à l'hôtel Stadhuis [hôtel de ville en néerlandais] à côté du Grand Palais !) Notez que cette phrase peut signifier que vous êtes dans l'hôtel au moment où vous parlez, ou simplement que vous l'avez choisi.

Le Grand Palais : C'est à la fois une salle de spectacle (le Zénith), une salle de congrès et une autre pour les expositions. Elles sont toutes trois situées à Lille, à proximité du centre et des gares.

La famille

À un certain stade de la conversation, vous pouvez parler de votre famille. Les Chtis comme la plupart des personnes qui peuplent la planète sont très attachés à la famille. Si vous abordez ce sujet, ils vous ouvriront les portes de leur maison, car la famille est ce qu'ils ont de plus cher… avec les amis bien évidemment. Voici des termes qu'il faut connaître absolument :

Les parints (les parents)

Min père (mon père)

Pa (Papa)

Voici une expression concernant le père de famille : **Incore un qui a l' chance qu' sin père est v'nu au monte avint li**. (Encore un qui a la chance que son père soit venu au monde avant lui.) Elle s'applique à quelqu'un qui a tout obtenu sans rien faire pour cela !

Eum' mère (ma mère)

M'man ou **Manman** (Maman)

Min frère (mon frère)

Eum' seur (ma sœur)

Les infants (les enfants)

Un fiu (un fils)

Eune file (une fille)

Un garchon (un garçon)

L' culo, l' roculo (le dernier-né)

Eune pisseuse (une fille)

Un kieur (un garçon)

Les tiots pierrots (les petits-enfants)

Pépère (Grand-père)

Mémère (Grand-mère)

Ches taïons (les aïeux)

Mononque (l'oncle)

M' matante (la tante)

Un n'veu (un neveu)

Eune nièche (une nièce)

Un filleu (un filleul)

Eul' bielle-famile (la belle-famille)

L' biau-père (le beau-père

Eune bielle-mère (une belle-mère)

Ches biaux-gins (les beaux-parents)

Un biau-garchon (un gendre)

Eune bièle-file (une belle-fille)

Eune bièle-sœur (une belle-sœur)

Qui a quer l'ape, a quer les brinques ! (Qui aime l'arbre, aime les branches !) L'expression s'emploie au sujet de l'union de deux familles. Quand on se marie, on choisit non seulement l'époux ou l'épouse, mais sa famille aussi !

Vous pouvez rencontrer une personne **seule** (seule), non qu'elle n'ait plus **d' famile** (de famille), mais parce qu'elle est **chélibataire** (célibataire) ou parce qu'elle a une relation qui exclut **l' mariache** (le mariage). Attention, **eune amie** (une amie) peut très bien être la personne avec laquelle on habite, tout comme **m' petite amie** (ma petite amie). Bien souvent, on entendra **em' fiaincée** (ma fiancée) lorsque la relation est plus longue. Attention, **maîtresse** ou **amoureux** signifie fiancé(e) ! Si on entend qu'un tel ou une telle **fréquente**… cela veut encore dire qu'il ou elle est fiancé(e). On peut aussi parler **de sin homme ou de s' fimme** (de son copain ou de sa copine) lorsqu'il est question de son partenaire.

Le carnaval de Dunkerque

INFO CULTURELLE

Pour beaucoup, le carnaval de Dunkerque est juste un défilé **dins ches rues d' Dunkeque par moins dich sièt** (un défilé dans les rues de Dunkerque par moins 17 degrés) ! La température est exagérée, mais pour qui est déguisé en femme, dehors, au mois de février, il fait un peu frais. Oui, les femmes se déguisent en hommes et vice-versa. Un déguisement se dit **un kletche, et eul meilleux déguijmint qu'in a, ch'est l' « beste' kletche »**. Le carnaval ne se réduit pas à marcher et à chanter dehors. Que nenni ! Il y a aussi les bals, qui se déroulent de nuit, et on fait carnaval en écoutant les chansons folkloriques et la musique du moment. Enfin, devant l'hôtel de ville, à Dunkerque se produit un spectacle hors du commun : le maire et son conseil municipal lancent des harengs fumés et des homards. Les vrais **carnavaleux** attendent ces fêtes exceptionnelles toute l'année.

Le premier document qui évoque ces festivités date de 1676. Les **carnavaleux** sont souvent en association : il y a les Acharnés, les Corsaires dunkerquois, les Rose-Marie, les Zygomards, les Mousses d' Jean-Bart... et encore bien d'autres. Le carnaval prend également ses quartiers dans d'autres villes à proximité de Dunkerque : Bergues, Bourbourg, Ghyvelde, Grande-Synthe, Leffrinckoucke, Loon-plage, Malo-les-Bains, Petite-Synthe, Pitgam, Rosendaël,…

INFO CULTURELLE

Les chapelles

On le répète souvent… la porte des gens du Nord est toujours ouverte ! Que ce soit simplement pour échanger, se confier, s'amuser, boire un verre ou manger un morceau… même si vous n'êtes pas invité, vous serez accueilli royalement. On fera un grand festin avec peu de choses.

Faire chapelle est une expression usitée dans le cadre du carnaval de Dunkerque. Les habitants ouvrent leurs portes aux **carnavaleux**. Bien souvent ils se connaissent les uns les autres, mais si vous entendez parler d'une chapelle, vous pouvez également y être convié. **Ch'est quo l' mot d' passe ? Chi in vos dit Clara… I faudra réponde Morgane. Car Clara Croft, cha marche pas !** Vous y trouverez, de la bière, des victuailles (un barbecue même en avril), de la musique (souvent celle du carnaval). L'ambiance y est plus que festive.

Parler du temps

Les Chtis adorent la météo. Ils sont rivés à la télévision lorsque vient l'heure des prévisions. C'est pratiquement le premier sujet de toute conversation. En effet, quand les nuages surplombent les plaines du Nord, ils peuvent y rester jusqu'à dix jours. Alors on consulte la météo, pour savoir quand cela cessera. Lorsque le soleil est là, on peut le lire sur les visages !

I fait caud d' pis quek' jours. (Il fait chaud depuis quelques jours.)

T'as des pneus quate sajons. (Tu as des pneus quatre saisons.)

Les saisons sont, nous le rappelons, **le printemps, l'été, l'aprésau** et **l'ivier**. Halte aux clichés… il ne fait pas plus froid en hiver dans le nord de la France (et même aux Pays-Bas !) que dans les Alpes. Ce n'est pas le Pôle… c'est le Noord !

Kelle kaleur, cha cogne ! (Quelle chaleur, ça cogne !)

I fait caud à kerver. (Il fait chaud à « mourir ».) Attention, **kervé** pourrait vouloir dire aussi soûl, « bourré », « plein », « déchiré ».

Il arrive qu'il pleuve (**lol**)... Voyons comment passer pour un authentique Chtimi sans être pour autant de la région. Pour ceux qui parlent déjà le dialecte, il s'agira d'une révision. Nous découvrirons que le vocabulaire ne manque pas concernant les pluies.

Que d'iau ! (Que d'eau !)

L'kien i s'aniche pou nin ête acruit ! (Le chien rentre dans la niche pour ne pas être mouillé !)

L'iau d' pleuf (l'eau de pluie)

I va dracher énui, ches crapauds i chiffeltent ! (Il va pleuvoir [fortement] aujourd'hui, les crapauds sifflent !) On peut entendre cette réflexion quand une personne sifflotte ou chante !

I va pluvoir. (Il va pleuvoir.)

I pleut à drache. (Il pleut à verse.)

I drache. (Il pleut fort.)

Après eune drache, y a des baches dins ches champs. (Après la pluie, on peut voir de grandes flaques dans les champs.) **Baches** désigne aussi les mares qui restent sur la plage quand la mer est basse.

Si t'y allos, te s'ros plein d' berdoule ! (En y allant, tu reviendrais couvert de boue !) On peut dire à un enfant qui revient taché qu'il **est plein d' berdoule !**

I pleuvine. (Il pleut.)

J' suis adodiné par l' bruit d' l'iau. (Je suis bercé par le bruit de l'eau.)

L' timps y est à l' cour. (Littéralement : Le temps est dans la cour.) Cela signifie qu'il ne fait vraiment pas beau !

I verzene. (Il pleut, une fine pluie.)

I grêle. — Amoute, ah ouais, i gêle ! (Il grêle. — Fais voir, c'est vrai, il fait très froid !)

I fait fraiche. (Il fait frais, humide.)

J' su tout fraîche. (Je suis tout mouillé.)

L'erfrodich'mint (le refroidissement)

I pleut a siaux. (Il pleut à seaux.)

I pleut à torrints. (Il pleut à torrents.)

I va querre des cats pourris. (Il va tomber des chats pourris / Il va tomber une averse.)

Cha pleut. (Il pleut.)

I pleut com vaque ki piche mais j' vas m'airier quitte à m' faire arouser ! (Il pleut beaucoup mais je vais prendre l'air quitte à être arrosé !)

J'chuis tout fraique. (Je suis tout mouillé.)

Quind ches mécantes finmes éront déjné, i f'ra biau ! (Quand ces méchantes femmes auront déjeuné, il fera beau !) Le temps changera aussitôt que la brume se sera dissipée ! Il existe bien d'autres expressions associant les femmes et le temps qu'il fait. En cas d'orage, vous entendrez : **Ch'est l' diape qui s' bat avec eus'finme !** (C'est le diable qui se bat avec sa femme !)

Mots clés

I fait biau	il fait beau
I fait fro	il fait froid
I neiche	il neige
I drache	il pleut (fort)
l'solel	le soleil

Excusez-moi, je n'ai pas tout compris

Pour apprendre une langue, il faut comprendre ce qui est dit ! Et au début, ce n'est pas toujours aisé. Vous êtes alors obligé de faire répéter la personne avec laquelle vous vous entretenez. Pour cela, voici quelques mots et expressions faciles à retenir :

Comint ? (Comment ?)

Quo ? (Quoi ?)

Hein ? (Comment ?)

S'cuse-me de t' déringer mais j'ai rin intindu. Te pourros arcomincher tout d'pis l' début, sin t' komander ? (Excuse-moi de te déranger mais je n'ai rien entendu. Tu pourrais répéter, s'il te plaît ?)

Kok' te bève ? / Kok' te bèfe ? (Que dis-tu ?)

Kok' te toule ? (Que dis-tu ?)

Kok' ch'est qu' te berlafes ? (Qu'est-ce que tu bredouilles ?)

La frontière entre celui qui ne comprend pas et celui qui ne comprend rien est parfois très infime. Faisons un tour d'horizon des mots et expressions qui concernent les personnes un peu naïves ou

« occasionnellement ailleurs » : **I verrot passer un quien aveuc un capiau d'sus s' tiête, qu'il le frot rintrer chez li !** (Il verrait passer un chien avec un chapeau, il le ferait rentrer !) Cela va nous permettre de traiter des **sots, boubourses, niguedoules, indoules, nanards, babaches**, et autres, en établissant une gradation dans les termes.

Sot ne présente pas de difficulté ; son emploi est identique en français. Vous avez sans doute un exemple dans votre entourage !

Boubourse peut être traduit par « con » ! **I fait sin boubourse** (il joue aux cons), mais il ne l'est pas forcément.

Il en est de même pour **indoule** et **niguedoule**…

Un nanard est biête et bin souvint ch'est eune brelle. (Un nanard est bête et bien souvent, il est nul !)

Eune brelle est un nul.

Enfin, **un babache** est quelqu'un qui n'a pas toute sa tête.

Dans la catégorie des meilleurs acteurs pour le **boubourse** d'or sont appelés : **l'arsoulle, le niqu'doulle, le maboule** et **l'écherve lé**. Les deux premiers correspondent au **boubourse** et ne sont donc pas forcément péjoratifs. Les deux derniers se rapprochent du **babache** et désignent quelqu'un qui commet consciemment des actes se rapprochant de la folie !

Finissons par un proverbe évoquant une personne malchanceuse : **I étot marqué par les B : borne, bèque, boteux, bochu et biète !** (Il était marqué par les B : borgne, bègue, boiteux, bossu et bête !)

Pour clôturer ce chapitre, un ultime proverbe : **I est pus riche qui n' pinche, i est si biête qu'il ne l' sait pont**. (Il est plus riche qu'il ne le pense, il est si bête qu'il ne le sait pas !)

Mots clés

vive	vivre
comprinde	comprendre
doù	où
souvint	souvent

Chapitre 5

Dîner au restaurant ou chez soi

Dans ce chapitre :

- Boire et manger
- Que mange-t-on dans le Nord ?
- Comment réserver une table ?
- Payer l'addition
- Passer une commande

Bon appétit !

Lorsqu'on parle de sa culture, de ses origines, ou lorsqu'on envisage un voyage à l'étranger (c'est-à-dire au-delà des frontières de ce que l'on connaît déjà), on s'intéresse souvent à deux sujets : le paysage (la mer, la montagne, etc.) et la nourriture, qui est notre carburant et suscite notre curiosité (quelles spécialités typiques de la région allons-nous découvrir ?). Souvent on s'entendra dire que l'on aime un pays… au cours d'un repas, à cause d'un mets local que l'on est en train de savourer. Ou encore à cause d'une boisson délicieuse qui émerveille totalement notre palais. Les moments dont on se souviendra le plus nettement en voyage seront ceux que nous aurons vécus à table, en famille ou entre amis. Même si on fait attention à sa silhouette, la découverte d'une culture passe aussi par le sacrifice. Dans ce chapitre, vous allez découvrir l'exaltation des sens (gustatifs surtout).

Les restaurants qui servent des plats régionaux ne sont pas plus répandus que les autres. On en trouvera tout autant qui sont spécialisés dans les cuisines italienne, asiatique, traditionnelle,... Pour dénicher les bonnes adresses, vous pouvez recourir au bouche à oreille. Bien évidemment, l'internet est une solution efficace ou *Le Chti* (guide qui paraît chaque année, voir chapitre 7). Allez dans un de ces restaurants à la gastronomie « nordiste » : vos papilles gustatives n'auront jamais connu tant de surprises. En effet, les Chtis ne mangent pas seulement des endives...

Dans ce chapitre, vous trouverez les termes utiles concernant la tablée. Ainsi, à l'apéritif, on peut entendre : **À boire ou j' tue l' kien !** (J'ai très soif... à boire !)

Boire

Ce moment de partage est apprécié de tous. Alors retenez ceci :

Quind in n'a pou l'in, in n'a pou l'aute ! (Quand il y en a pour l'un, il y en a pour l'autre !)

I buvrot cherques et tonniaux. (Il boirait cercles et tonneaux.) Un cherque est un cercle. Il peut désigner les cercles de fer qui entourent les tonneaux. L'expression est l'équivalent de « il mangerait l'assiette avec », mais à propos de la boisson !

In va nin s'in aler d'su eune gambe ! (On ne va pas s'en aller sur une jambe !) C'est-à-dire : On boit un second verre !

J'ai soif ou J'ai m' lanque in drapeau. (Lanque signifie langue.)

On vot quind j'ai bu, mais pas quind j'ai soif ! (On voit quand j'ai bu mais pas quand j'ai soif !)

T'es un grind diseux mais un p'tit faiseux ! (Tu parles beaucoup mais n'agis pas en conséquence !)

Autour de ch' bar, on artrouve ches buveux d' pintes, ches chiqueux et ches léqueux. (Autour du bar, on retrouve les buveurs de bière et les gros buveurs.) **Les chiqueux et les léqueux** sont deux autres catégories de buveurs. Ils se distinguent par la quantité d'alcool consommée !

On pourra entendre également : **Quervassin... va querre l'wassingue !** (Soûlaud... va chercher la serpillière !)

Manger

Si vous avez faim, vous pouvez dire :

J'ai eune faim d' leu ! (J'ai une faim de loup !)

T'es tout pale, t'iros nin minger un morchiau avec mi ? (Tu es pâle ! N'irais-tu pas manger quelque chose avec moi ?)

Cha fait du bin pa' du qu' cha passe. (Ça fait du bien par où ça passe !)

Ti, t'es comme ches glaines, te plukes ! (Toi, tu te comportes comme les poules, tu picores / tu manges peu !)

Buk à l' porte et te varas souper. Em' femme s'ra bénache eud t'ervir ! (Frappe à la porte et tu viendras manger / Viens dîner quand tu veux. Ma femme sera heureuse de te revoir !) **Buker** signifie frapper, **varas** est le futur du verbe venir.

J'avos faim. — J' vos cha... t'as fait bonne chère ! (J'avais faim. — Je vois ça... tu as mangé comme quatre !)

J' minge car in n' sait point qui nous ming'ra ! (Je mange, car on ne sait pas qui nous mangera !)

Ack... Quo k' t'as mis dins l' potache ? — Ch'est pas bon, ch'est cha ? Va-t-in vint' tin acout ! (Beurk... Qu'as-tu mis dans le potage ? — Ce n'est pas bon, c'est ça ? Va... Je n'écoute pas ce que tu dis !). **Acouter** signifie « avoir l'oreille attentive à... »

Alleume eul' gasse ! Ej va récauffer l' soupe. (Allume le gaz ! Je vais réchauffer la soupe.)

Cha sint l' garzi ! (Ça sent le brûlé !)

N'oublie pas t' gamelle pou ti aler à Boulonne ! (N'oublie pas ta gamelle pour aller à Boulogne !) La gamelle est le repas qu'on emporte de chez soi pour manger le midi au travail. Bien souvent, elle est constituée de **resses** (restes) !

Quind in n'a pou tros, in n'a pou quate ! (Quand il y en a pour trois, il y en a pour quatre !)

Ch'est du bon mouton mais ch' n'est point pou tin grognon ! Ti, prinds ches échue-mains ! (C'est tellement bon que je ne partagerai pas ! Toi, prends les essuie-mains !)

Ti fais toudis des bonnes carbonates à Antone. Te l'apoucheunes un peu trop ! (Tu prépares toujours de bonnes carbonnades flamandes pour Antoine. Tu prends trop bien soin de lui !)

Que mange-t-on dans le Nord ?

Les carbonnades flamandes : c'est de la viande de bœuf à braiser mijotée dans de la bière. Les meilleures carbonnades qu'il m'ait été donné de goûter sont celles préparées par mon frère, cuisinier de formation. Toute recette qu'il réalise est un délice. La touche finale de ce plat est originale. On met sur la viande un chocolat noir avec un fort pourcentage de cacao. Cela donne à la viande une couleur noire mais surtout brillante : il faut le voir pour le croire. Le goût du chocolat est quant à lui peu perceptible, mais sans cet ajout, le plat n'est pas le même. Je vous conseille également de faire mijoter le tout dans de la Trois Monts. Ce mets se mange accompagné de sa sauce et surtout de frites.

Entre deux plats, délectons-nous de la très savoureuse Trois Monts, une bière de Saint-Sylvestre-Cappel brassée en France. Vous la trouverez en bouteilles de 75 cl. Les trois monts en question sont le mont Cassel, celui des Cats, et le mont Noir, à cheval sur la France et la Belgique.

Le **potjevleesch** est un plat flamand dont le nom signifie « petit pot de viandes ». On peut aussi entendre seulement **potch** chez le boucher : **Os aurettes pas un tiot peu de potch ?** Son contenu à base de poulet, lapin, veau et porc est servi froid, dans de la gelée. Le **potjevleesh** est accompagné, comme les carbonnades, de frites. La gelée fond sur ces dernières : un délice ! Ce plat vient de Furnes et de Dunkerque.

Entre ces deux excellents plats de résistance, nous pouvons goûter au trou flamand : **Ch'est l' mêm' cosse que l' trou normind mais aveuc du g'nief**. (C'est la même chose que le trou normand mais avec du genièvre.)

Le **waterzoï** est lui aussi flamand et trouve ses origines à Gand (royaume de Belgique). Cela veut dire « eau qui bout ». À base de poulet ou de poisson, le bouillon ou le fumet est lié à la crème ou au beurre. On le sert avec ses petits légumes.

Avant le dessert, délectons-nous d'un très bon fromage. Le maroilles (AOC) est fabriqué en Avesnois. Son nom vient du village de Maroilles (59) qui l'a vu naître. Ce fromage au lait de vache et à pâte molle arbore une belle croûte rouge orangé. À vrai dire, il n'est pas fort en bouche… on dira qu'il a du goût ! C'est une merveille. Il faut juste veiller à ne pas mettre les doigts sur la croûte orangée : le parfum serait beaucoup moins exquis. Ce fromage se consomme également comme garniture de tarte. Il peut même accompagner le petit déjeuner ! Le vieux-lille en est une variété, sa pâte de maroilles étant affinée plus longuement (de cinq à six mois). Sans croûte, plus salé, il possède un goût et une odeur plus prononcés. Il bénéficie du label régional Nord-Pas-de-Calais par arrêté du 5 novembre 1986.

Venons-en aux sucreries avec la **babelutte**. C'est un caramel aromatisé au miel ou à la **castonade** originaire de Flandres. Son nom vient du mot **babelle** qui signifie « langue bavarde » en chti. **Ch' n'est point**

l'heure ed' paroler… aveuc un parel déliche dins l' bouk, te peux toudis cacher ed' bafier, t'y arriveros point ! (Halte aux paroles inutiles… avec un tel délice en bouche, tu peux toujours tenter de parler mais tu n'y arriveras pas !) À l'inverse on peut entendre : **Mi j' dis qu' ch'est si bon qu'un quien n'in donn'rot point à s' mère !** (Moi je dis que c'est tellement bon qu'un chien n'en donnerait pas à sa mère !) Ce qui signifie : Moi je pense que ce plat n'est pas fameux !)

Voici encore quelques mets régionaux très appréciés, mais dont nous ne parlerons pas en détail, tant leur renommée est nationale (exception faite des glaces) : la fricadelle, la soupe à l'oignon, le chicon en gratin, éventuellement avec des frites au **vinaique** (vinaigre) ; le spéculoos, un biscuit à la cassonade, la glace aux spéculoos, la glace à la chicorée, la gaufre craquante ou la gaufre moelleuse.

Ces lignes ne sont pas à lire avant de manger… sinon, vous craquerez assurément ! **Ch'est tell'mint bon tut cha que quind j'in minge j' suis en ameur !** (C'est tellement bon que lorsque j'en mange, je suis en émoi !)

Comment réserver une table ?

Après avoir été mis en appétit par la lecture de la section précédente, vous avez peut-être envie d'un petit repas. Cette nouvelle partie vous aidera à satisfaire votre gourmandise ! Avant tout, gardez les bons réflexes : comme ailleurs, il est important de réserver sa table pour pouvoir goûter de bons petits plats à l'adresse conseillée ou désirée.

Ch'étot fameux, in s'est tell'mint régalé qu'in s' léquot les babènes ! (C'était très bon, on a tellement apprécié qu'on s'en lèche les babines !) **Eune bouque à chuc** est un gourmand (qui aime le sucré).

— **J'voudros réserver eune tape pour deux !**

— **Pour quel' heure ?** (À quelle heure ?)

— Ch' sais nin… Maloute, à quelle heure qu'in'y va ? À nène ! (Je ne sais pas… Chérie, pour quelle heure ? À midi !

— Ch'est noté. In vous attind. (C'est noté. On vous attend.) **Eus' soir au menu, ch'est l' co à l' bière !**

Mots clés

tape/tave	table
couet	faitout
el castrolle	la casserole
garchon	garçon
edmain	demain
euss soir	ce soir
du rouche	du rouge
equervisse	écrevisse
pourdraine	volaille, spécialement la dinde (poule d'Inde)
burre	beurre
légueume	légume
chél'ri	céleri
chicon	endive
grugelle	groseille

Un peu plus tard…

— J' cros qu'in va s' barrer sins payer, j' prinds min capiau et ouste… ! (Je crois que nous allons partir sans payer. Je prends mon chapeau et nous y allons !)

— Té nin bien dins t' tiète, eh niguedoule… (T'es pas bien ? Fais pas l'idiot…)

— Quarante euros l' mitan d'un co à l' bière, iz y ont mis des feules d'or inroulées n'din ou quo ? Si ch'est cha, mi, j' n'in ai point vu l' couleur ! Y avot l'odeur, cha, i l'avot bin. L' bière sintot l' maronne du brasseux. Mais dis-me… ches cos iz ont jamais vu l' jour, mi j' te l' dis ! Z'ont pas eu grinmint d'ouvrache à l' préparer. Y avot rin autour. In dirot qu' j'ai mingé du pâté d' mouques ! J'ai nin vu l'infilure ! (Quarante euros la moitié d'un coq à la bière, il doit y avoir des feuilles d'or à l'intérieur ! En attendant, je ne les ai pas vues ! En revanche, j'ai senti, oui ! La bière sentait comme la culotte du brasseur. Ces coqs n'ont jamais vu la lumière du jour ! Ils ne se sont pas non plus cassé la tête pour la préparation ! L'accompagnement était inexistant. C'est un triste repas ! Je n'ai rien vu venir !)

— Arrête un tiot peu tes dirries, tertous y t'intindent, on va s' faire mette à l' cour ! T'as bin chuché, arvisse ichi com' te berloques. T'es durt' aveuc li ! (Arrête tes médisances, tu n'es pas discret, on va se faire jeter ! Tu as pas mal bu ! Regarde comme tu marches [en te balançant]. Tu es dur avec lui !)

— Note fiète du jour où on ch'est rincontrés cha s'arrose. (La fête du jour où on s'est rencontrés, ça s'arrose !)

— In parlint d' rose, t'as nin oblié quet' cose… ? Andoule ! Pendant que tu parles de rose, n'aurais-tu pas oublié quelque chose... ? Idiot !

Vous l'avez compris ces petites répliques vont nous permettre d'aborder la question de l'addition… La fameuse douloureuse !

L'addition

Dans le Nord, il ne sera pas rare d'entendre un « s'il vous plaît » de la part de celui qui s'apprête à payer un service ou à régler une note. Imaginez-vous dans un magasin. Vous tendez le billet au commerçant en disant : **Sins t' komander !** (S'il vous plaît !) **Proficiat, ch'est cha !** (Bravo, c'est ça !) Le commerçant vous répondra : **Merchi, j' vos rinds... autint**. (Merci, je vous rends... autant.) Ou bien : Eul compte y est. (Le compte est bon.) Ou encore : **Ch'est mi qui vos armerchie !** (C'est moi qui vous remercie.) Pour éviter de payer vous-même, vous pourrez dire à la personne qui vous accompagne : **J'ai nin pris aveuc, min portefeule, te peux nin m'déraker ?** (Je n'ai pas pris mon portefeuille, tu ne peux pas me dépanner ?)

Les 3 « querre »

Mi, j'ai quer ch't estaminet ! (Moi, j'aime cet estaminet !)

J' trouve qu' ch'est nin quer ! (Il est bon marché ! Littéralement : Je trouve que ce n'est pas cher !)

J' m'in vas querre l' patron pou li payer eun' pinte ! (Je vais chercher le patron pour lui offrir un verre !)

J'auros quer d' nin querre ed'sus ! (Je ne voudrais pas tomber dessus !)

J' pourros m' faire ma ! Ej voudros nin querre malate ! (Je pourrais me faire mal ! Et je ne voudrais pas tomber malade !)

Le verbe **querre** a donc trois sens :

Avoir quer	aimer (littéralement : avoir cher)
Querre	1. chercher (cf. quérir) 2. tomber (choir)

Passer une commande !

Vous pouvez commander par téléphone : c'est simple, relativement rapide, moderne...

— **Allo biloute, j' vais printe deux pizzas aux porions, eune salate et j'adzirrais de l' glache.** (Allô [toi], je vais prendre deux pizzas aux poireaux, une salade, et je désirerais de la glace.)

— Te m'as dit : « eune pizze au pichon, eune tarte au chuk et de l' potche » ? (Tu m'as dit : « une pizz' au poisson, une tarte au sucre et du potje vleesch » ?)

— Dis me qu' te l' fais esprès… (Dis moi que tu le fais exprès…)

Si le téléphone vous donne du fil à retordre… persévérez, ou bien allez directement au restaurant. Cependant il se peut que le serveur ne soit pas en mesure de répondre à vos attentes tout de suite. Dans ce cas vous l'entendrez dire : **— J'arvins, j' sus dins l' jus !** (Je reviens, je suis dans le jus !)

— J' cache après des frites et de l' chicon gratin. Du qu' j' peux in querre ? (Je cherche des frites et du gratin de chicon. Où puis-je en trouver ?)

— Ichi mais in a pus d' frites ! (Ici, mais on a plus de frites !)

— Quo k' ch'est qu'os m' conseillez ? (Qu'est-ce que vous me conseillez ?)

— Des pâtes.

— Des macaronis a l' plache du gratin ? (Des macaronis à la place du gratin ?)

— Nin mais j' busie, j'ai pu grinmint d' chicon… ! (Non mais j'y pense, je n'ai plus beaucoup d'endives… !)

— Quo k t'as don fiu ? (Qu'as-tu alors ?)

— Des pâtes et de l' bolo… (Des pâtes à la bolognaise…)

— Et d' la carbonara ? (Et de la carbonara ?)

— Nan mais des carbonades ouais ! Ej n'ai eune bassine ! (Non mais des carbonnades flamandes... j'en ai ! Plus qu'il n'en faut…)

— Ouais mais t'as mie d' pemme-tierre… (Oui mais tu n'as pas de pommes de terre…)

— Ah ouais ch'est vrai… Sinan, j'ai un restant d' moules… (Ah oui, c'est vrai… En revanche, il me reste un peu de moules…)

Vous avez dit des moules… Les moules évoquent la fameuse moules-frites et donc : la Braderie. Celle-ci a lieu chaque année à Lille, le premier week-end de septembre. Elle attire environ deux ou trois millions de visiteurs, ce qui la met au rang du plus grand marché aux puces d'Europe. Instituée à l'origine comme foire, elle changea de statut lorsque les domestiques obtinrent le droit de vendre des objets appartenant à leurs patrons pendant la nuit. La tradition veut que le lundi de braderie soit chômé. Elle n'est plus guère suivie, exception faite des employés de la municipalité, de l'hôpital, et des sociétés implantées depuis longtemps dans la métropole. Vous vous demandez sans doute quel est le rapport avec les moules-frites. Eh bien, c'est simple… **À l' bradrie, in vite ches caqu'lons d' moules sus l' trottoir edvint ches restaurints. Cha fait des tiotes pyramides… Ch'est à chti-là, qui aura l' pus grinde. Et ceusses qui ont l' pus grind mont, i gagn'te' eun' saiquo !** (À la braderie de Lille, on vide les plats de coquilles de moules vides sur le trottoir en face du restaurant. Cela forme des petites pyramides… C'est à celui qui aura la plus grande. Et ceux qui ont le plus grand mont gagnent un petit quelque chose.)

Chapitre 6

Faire des achats

Dans ce chapitre :

- Le verbe « acater »
- Un petit tour dans le centre de Lille
- Magasins et horaires
- Faire le tour du magasin
- Acheter des vêtements
- À l'aéroport

Le verbe « acater »

Commençons par l'étude du verbe le plus utile dans ce chapitre ; au présent de l'indicatif nous obtenons :

J'acate eune feul eud chou	J'achète une feuille de chou
T'acates des fraisses	Tu achètes des fraises
Il acate eune niouvelle baraque	Il achète une nouvelle maison
Os acatons un tiot catiau	Nous achetons un petit château
Os acatez eune batisse	Vous achetez une maison
Iz acatent des bibis	Ils achètent des petits jouets

Révisons les temps de l'indicatif qui sont aussi les plus usités :

Passé composé :

J'a acaté

T'as acaté

I a acaté (prononcez **ya acaté**)

Os avons acaté

Os avez acaté

Iz ont acaté

Imparfait :

J'acatos

T'acatos

I acatot

Os acatommes (prononcez oz acatonmes)

Os acatettes

Iz acatottent

Plus que parfait :

J'avos acaté

T'avos acaté

I avot acaté

Os avommes acaté

Os avettes acaté

Iz avottent acaté

Futur :

Ej acaterai

T'acateras

I acatera

Os acaterons

Os acaterez

Iz acateront

Le conditionnel diffère du futur par la terminaison, qui est identique à celle de l'imparfait :

J'acateros

T'acateros

I acaterot

Os acaterommes

Os acaterettes

Iz acaterottent

Petit tour dans le centre de Lille

Partons pour un petit tour rue de Béthune à Lille, afin de nous dégourdir les jambes. Cette rue piétonne est très appréciée des femmes, parce qu'elle regroupe toutes les boutiques de marque et les magasins à la mode. Il y a également quelques chocolateries, librairies, et des restaurants à proximité. Le stationnement n'est guère facile. Comme dans toutes les villes de France, vous devrez suivre les panneaux pour trouver l'un des principaux parkings !

Ceux qui viendront occasionnellement dans la région pourront, en achetant des produits locaux, goûter à la culture régionale et rencontrer les Lillois. Si vous préférez faire vos courses tranquillement, évitez les mercredis et samedis après-midi ! Si vous ne voulez pas courir aux quatre coins de la ville pour faire tous vos achats, vous pouvez vous rendre au centre commercial le plus proche. Il rassemble de nombreuses boutiques ainsi que le grand magasin où vous trouverez presque tout ce que vous désirez.

N'oubliez pas que les renseignements pratiques sont la base d'un voyage réussi. Préparez donc bien votre excursion, que ce soit avec un livre qui vous guidera ou sur le net. Sur place, consultez votre livre pour dénicher les adresses sympathiques, ou mieux… demandez des conseils à l'habitant ou à l'habitante. C'est une autre façon de côtoyer les personnes du département. **Mais fais gaffe i s' peut qu'i n'est un qui a mis du poife d'sus s' queue !** (Fais attention, il se peut qu'il en soit un qui ait mis du poivre sur sa queue !) **Poife** signifie poivre. On parle ici d'un commerçant qui affiche des prix exorbitants !

Si vous voulez en savoir davantage, il est toujours possible de recourir à l'Office du tourisme. Attention, n'insistez pas pour qu'on vous conseille le meilleur endroit : l'hôtesse n'y est pas autorisée. Vous obtiendrez l'information bien souvent dans une brochure (un petit guide éphémère) qui regroupe tous les lieux correspondant au thème de

Petit tour dans le centre de Lille

votre recherche. Libre à vous de faire par la suite une sélection ou de vous faire conseiller lors de votre passage dans un bar ou dans un restaurant.

Magasins et horaires

Du qu'on va ? Dins in grind magasin ou eune boutique spéchialisée ? (Où allons nous ? Dans une grande surface ou dans un magasin spécialisé ?)

Nous trouvons les magasins suivants :

L'épiss'rie (l'épicerie)

L'antiquaire (l'antiquaire)

Boutique de fripier

L'animal'rie (l'animalerie)

Eune boutique à fouffes / eud' loques (le magasin de vêtements). Attention eul boutique est aussi le lieu de travail.

L' marchand d' légumes (le marchand de légumes)

Eul marokin'rie (la maroquinerie)

L'magasin d' meube (le magasin de meubles)

Eul formasrie (la pharmacie). Le terme **apoticaire** existe également, n'hésitez pas à l'utiliser ! Une autre remarque peut s'avérer utile dans ce domaine : **Chez l'apoticaire, in y va pou s' droguer ! Se droguer** signifie « prendre des médicaments ».

Eune parfum'rie (la parfumerie)

Eul magasin d' linj'rie (le magasin de lingerie)

Eul rayon habillemint (le rayon habillement)

Eul magasin d' cauchures (le magasin de chaussures)

Quelques noms de métiers…

L' chireur (le cireur)

L' **livreur** (le livreur

Eul clerc (l'instituteur)

L' **bouticlier** (le commerçant)

Un pêqueux (un pêcheur)

Un marchand d' pichons (un marchand de poissons)

Un marchand d' moules (un marchand de moules)

Un cinsier (un fermier)

L' **facteur** (le facteur)

L' **quincaillier** (le quincaillier)

L' **boulinguer** (le boulanger)

L' **commissaire** (le commissaire)

L' **secrétaire** (le secrétaire)

Le juche (le juge)

L' **miniss' du budget** (le ministre du budget)

Encore une fois, nous constatons qu'il existe de nombreuses similitudes entre le chti et le français. Mais si vous ne le savez pas, vous ne pouvez guère le deviner.

Pour connaître les horaires de tel ou tel magasin, vous pouvez demander : **Quind qu' ch'est q' ch' cha ouve ?** (Quand est-ce que ça ouvre ?). Il y a beaucoup de **que** et de **che** (**bah ouaih, ch'est du chtimi einh !**), alors simplifiez :

À quelle heure cha ouve ? (À quelle heure ça ouvre ?)

Quind ch'est fermé ? ou Quind qu' te fermes et' boutique ? (Quand est-ce fermé ?). Ou plus simple : **Cha ferme quind ?** (Ça ferme à quelle heure ?)

Os ouvrez eul diminche ? (Travaillez-vous [œuvrez-vous] le dimanche ?)

Faire le tour du magasin

Dans les magasins, on peut trouver entre autres le dernier film de Dany Boon : *Bienvenue chez les Ch'tis*. C'est son second long-métrage réalisé après *La Maison du bonheur*. Ce film, dans lequel Kad Merad joue le rôle principal, est un immense succès… il a dépassé le nombre d'entrées de *La Grande Vadrouille*. Avec environ 20 430 000 spectateurs, c'est le deuxième meilleur score au box-office français. *Le Titanic* n'en a eu que 300 000 de plus.

Reprenons notre chemin. Vous voulez un conseil ? Vous doutez ? vous cherchez quelque chose ? N'hésitez pas à poser des questions !

Du qu' ch est qu'on vind ches bêtisses ed' Cambrai ? Ch'est des bourlots, ch'est cha ? — Sure ! I n' a à l' pomme, à l' minthe… (Où vend-on les bêtises de Cambrai ? Ce sont des bonbons, n'est-ce pas ? — C'est vrai ! Il en existe à la pomme, à la menthe…)

Escusez-me, ej cache après eune kombinaigeon d' plongée. (Excusez-moi, je cherche une combinaison de plongée.)

J' voudros ochi eune bielle jaquette pou m' finme et un capiau. — Fort bin, chti chi ou chti-là ? — Ch' capiau là-bas et chelle vesse au d'sus ! (Je voudrais aussi une belle veste pour ma femme et un chapeau. — Très bien, celui-ci ou celui-là ? — Ce chapeau là-bas et cette veste au dessus !)

J' peux les mette d'sus mi pou les apruver ? Et j' peux m' kinger du ? (Puis-je les mettre sur moi pour les essayer ? Où puis-je me changer ?)

Te veux en essayer un aute ? (Voulez-vous en essayer un autre ?)

Cha vos va ? (Est-ce à votre taille ?)

Quelques termes utiles dans un tel endroit….

L'intrée (l'entrée)

Eule sortie (la sortie)

Eune remisse (une remise)

Payer in espèches (payer en espèces)

L'achinseur (l'ascenseur)

Un akchessoire (un accessoire)

Du linche ed' maison (du linge de maison)

Saquer (pousser, tirer)

Arrêtons-nous quelques instants sur le terme **saquer**, qui, sans être très usité, est intéressant pour la multitude de significations qu'il possède. Aux deux précédentes, nous pouvons ajouter : traîner (quelque chose), enlever, retirer, soulever,... Il englobe en fait tous les verbes qui évoquent le mouvement d'un objet que l'on déplace. Attention : saquer, c'est aussi « faire des folies de son corps ». Le mot revêt alors un caractère péjoratif. Exemple : **j'ai saqué tou l' nuit !** Cet emploi était à préciser ! Enfin, vous rencontrerez parfois le terme **désaquer**, qui signifie inversement retirer, enlever, soustraire,...

Acheter des vêtements

Quo k' t'in pinches minloute, j' prinds eune ou deux ropes ? — Cominche aveuc eune... te vas pas mette l'aute ed'sus ? (Qu'en penses-tu chéri, je prends une ou deux robes ? — Commence donc par une... tu vas pas les superposer ?)

Un minteau (un manteau)

Un corsache (un corsage)

Eune rope (une robe)

Eune jaquette (une jaquette)

Eune kemisse (une chemise)

Des cauchettes (des chaussettes)

Del so (de la soie)

Arpasser l' linche (repasser le linge)

Les tailles

Pouquo qu' t'as nin mis des loques a t' tale ? (Pourquoi n'as-tu pas mis des affaires à ta taille ?) **Eune loque** est aussi une serpillière ou un vieil habit. C'est donc un terme à caractère péjoratif.

T'auros nin eun'tale in d'sous ? — Nan, j'ai qu'deux tales au d'sus ! (Tu n'aurais pas une taille en dessous ? — Non, je n'ai que deux tailles au-dessus !)

Et te l'as pas in pus grind ? — Non, j'argrette, je n' l'ai qu'in pus court ! (Et tu ne l'as pas en plus grand ? — Non, désolé, je ne l'ai pas, j'ai plus petit si tu veux !)

Ch' pull-over là, y va mucher mes rondeurs ! — Prinds-in deux alors ! (Ce pull va cacher mes rondeurs ! — Prends-en donc deux !)

Ch'est trop p'tit ou trop larche, trop chi ou trop cha... J' cros qu' te sais pas ce que te kerches... Come toudis ! (C'est trop petit ou trop large, trop ceci, trop cela... Je pense que tu ne sais pas ce que tu veux ! Comme toujours !)

Les couleurs

Orinche (orange)

Beiche (beige)

Bleu chiel (bleu ciel)

Blinc (blanc)

Blinke (blanche)

Rosse (rose)

Rouche (rouge)

Noirte (noire)

Bleusse (bleue)

Grisse (grise)

Les autres couleurs se nomment comme en français ! Cependant, il faut les prononcer avec l'accent chti. Si vous n'êtes pas de la région, vous devrez aller les apprendre sur place. Mais leur prononciation vous deviendra vite familière !

À l'aéroport

Il est de plus en plus fréquent de prendre l'avion pour se rendre dans un pays étranger ou dans une autre ville de France avec l'intention de faire du shopping. Au moment d'embarquer, voici les termes qu'il vous faut connaître :

L'imbarquemint (l'embarquement)

Eul couloer (le couloir)

Eul bagache à main (le bagage à main)

Eul valisse (la valise)

Eusse bagache est trop incombrint ! (Ce bagage est trop volumineux !)

I est in r'tard… toudis in r'tard ! (Il est en retard… il est toujours en retard !)

Y aura un supplémint sus ch' billet là ? (Il faudra payer un supplément pour ce trajet-là ?)

Du ke j' peux truver un restaurint arnommé dins les invirons ? (Où puis-je trouver une bonne table dans les environs ?)

Remarque : Attention, bien souvent, les voyelles se trouvant entre deux consonnes sont supprimées en chti. Exemple : **Un r'trait**. Mais quand on parle du retrait des bagages, on écrira : **Eul retrait des bagaches**. En principe, on évite toujours de prononcer trois consonnes à la suite, car c'est presque impossible ! On garde donc la voyelle dans un souci d'harmonie de la phrase.

Chapitre 7

Sortir et se détendre

Dans ce chapitre :

- Se donner rendez-vous
- Les spectacles
- Le verbe « comincher »
- Le verbe « voer »
- Demander ou donner une opinion
- Aller à une soirée
- L'anniversaire traditionnel
- Décliner ou accepter une invitation
- Parler d'une soirée
- Excursions et visites

N'importe quelle sortie est divertissante. Partir vers des lieux inconnus ou découvrir de nouveaux sites, tout cela stimule fortement l'imagination. Ainsi, **faire sin touriste** (jouer au touriste), même dans sa propre ville, se révèle être un passe-temps des plus agréables. Dans ce chapitre vous trouverez de nombreuses informations pour les sorties et les visites culturelles.

Les Chtimis, nous le savons, sont de bons vivants et des gens très accueillants. Ils sont sociables. On peut se promener **sus l' grind plache** (sur la grande place : à Lille, c'est la place du Général-de-Gaulle) ou, bien sûr, entrer **au café** ou **dins in restaurint** (au restaurant). **Eul week-ent', ches rues du chint' sont noirtes ed' monte**. (Le week-end, les rues du centre-ville sont noires de monde.) **In s'artrouve intr'amis**

ou in famile. (On se retrouve entre amis ou en famille.)

Nos villes de la région Nord-Pas-de-Calais, comme bien des villes de France, abondent en distractions de toutes sortes. La culture est mise en avant et le divertissement s'y mêle. Les **chinés**, les **téates**, les concerts et les musées permettent de s'évader. On peut aussi aller **s' faire plaigi au karting ou au paint-boll** (littéralement : « se faire plaisir », mais on dira plutôt prendre du bon temps, se divertir).

Ches finmes sont rabies après l' lèque vitrine. Eum' seur, ch'est eune espécialisse, al y est toudis fourrée, in sait nin l'in dessaquer. Acht' heure, al se sogne. (La grande passion des femmes, c'est d'aller faire les boutiques. Ma sœur en est une habituée, elle y est tous les jours et on ne peut pas l'en arracher. Mais à présent, elle fait attention.) **Ete rabi après** signifie « être passionné pour ».

Un petit rappel qui nous permettra de réviser :

Les jours

Lundi	**Mardi**	**Mekerdi**
Juédi	**Verdi**	**Sinm'di**
Diminche		

Se donner rendez-vous

Verdi vous avez donné rendez-vous à Jessica pour aller au ciné **diminche soer** (soir) à **vint heures trinte** (20 heures 30). **Sinmdi, te découves qu' ch'est nin à cht' heure-là mais qu' ch'est à « et quart »**. (Samedi, tu découvres que la séance n'est pas à cette heure-là, mais qu'elle est en fait à 20 heures 15.) **Os courez in route à li téléphoner**. (Vous vous empressez de lui téléphoner.) **Attintion, si qu' t'arrives à pile, ch'est k' te jue l'amoureus, el joli cœur. Mais si par hasard, t'u s'ros là à moins l' quart, ch'est qu' t'auros**

quer d'atinde. (Si tu es sur le lieu du rendez-vous à 20 heures, c'est qu'elle te plaît vraiment et que tu es gentleman. Mais si par le plus grand des hasards, tu venais à 19 heures 45, c'est que tu es patient.) **Et si in plus, par d'sus l' marché, te t' pointes aveuc des fleurs, un bouquet grind com el beffro d' Wattrelos, ch'est k' ch'est in truc ed juer les pots de fleur**. (Et si par-dessus le marché tu arrives avec un gros bouquet de fleurs, c'est que tu as l'habitude de te transformer en pot de fleur.) **Allez... fais nin tin rinkinkin et vins à moins chinq**. (Allez... ne fais pas d'histoires et viens à vingt heures moins cinq.) **Si k' te veux t'amuser, te vins et t'artournes sins t'arrêter, te fais comm'el moniau d' l'horloche. Mais sertot, sos à l'heure et si k' t'es là à diche, fais gaffe à t' guiffe. Sinan, t'arbusiras à cha : Muche tin cul, v'là ch' garte !** (Finalement si ton souhait est de t'amuser, tu viens puis tu repars à ta guise. Comme l'oiseau dans l'horloge. Mais surtout, sois à l'heure ! Car si tu viens à 20 heures 10, prends garde ! Sinon, tu te rappelleras ces paroles : Cache-toi, voilà le garde !)

Cette dernière expression se dit bien plus souvent à un enfant qui se promène les fesses nues !

El plache, l'est ouvere ed' néne à minuit. (La place est ouverte de midi à minuit.)

In ira pou sej' heures. (On ira pour 16 heures.)

Diz heures du matin (10 heures du matin)

Neuv' heures diche (9 heures 10)

Eun'heure ed l'armontée (1 heure de l'après-midi)

Maintenant que vous avez toutes les cartes en main, vous pouvez demander l'heure :

Quelle heure ch'est ? Quelle heure k' t'as ? (Quelle heure est-il ? Quelle heure as-tu ?)

Ch'est quelle heure ? Os aurettes l'heure, m'sieur ? (C'est quelle heure ? Vous avez l'heure monsieur ?)

J' me d'minde quelle heure qu'i peut ête. (Je me demande quelle heure il est.)

Eune toquante (une montre)

Ch'est nin croïape, i est toudis dewors ed tros à quatte. (Ce n'est pas une vie, il est toujours dehors de trois à quatre.)

I est chinq heures ed l'armontée. (Il est 5 heures de l'après-midi.)

Avint-ier (avant-hier)

Ajurd'hui (aujourd'hui)

Ed'main (demain)

Après d'main (après-demain)

Eul lind'main (le lendemain)

***El jour d'après*, ch'est com el film sus l' quingemint climatique. Té l'as vu ? Ch'étot super !** (Le jour d'après, c'est le nom d'un film sur le changement climatique. L'as-tu vu ? C'était excellent.)

Imaginons des situations où utiliser ces termes :

Bin atombé qu'après d'main au mariache, i f'ra biau. (Après-demain, il fera beau pour le mariage, ça tombe bien !)

Iér à néne, i paraîtrot k' t'as incore berlaffé d'sus tin patron… (Hier, au déjeuner, il paraîtrait que tu as encore bavé sur ton patron...)

Bah avint-iér, j'étos nin là, j'étos au raccro d'vint l' beffro ! (Avant-hier, je n'étais pas là, j'étais à la fête devant le beffroi !)

N'OUBLIEZ PAS !

Rappelons ce qu'est le beffroi. C'est une tour ou un clocher. Mais sa fonction n'a pas de rapport avec la religion. Il servait autrefois à prévenir les habitants de l'arrivée des envahisseurs. Vous pouvez voir des beffrois à Bergues ou Wattrelos… et à Lille. Vous entendrez sonner le carillon dans toutes ces villes qui ont un beffroi, ainsi qu'à Seclin. Le carillon est un ensemble de cloches accordées de telle sorte qu'on puisse les faire vibrer ensemble harmonieusement. Chacune de ces villes a son carillonneur qui donne un concert les jours de fête en jouant sur les touches des claviers et en tapant simultanément sur les pédales. Les habitants et les touristes s'attroupent pour écouter le son guilleret des clochettes qui s'élève dans les airs.

Les spectacles

Dans les grandes villes vous trouverez de petits journaux locaux qui regroupent tout ce qu'il faut savoir sur les sorties : théâtre, **spectaques** (spectacles), festivals, expositions et programme cinématographique. Ils vous indiqueront encore des adresses de restaurants et de bars sympas. Il y a évidemment de la publicité, mais aussi des encarts réservés aux plans des quartiers importants et des idées shopping. Ces brochures sont déposées dans les bars et à l'Office du tourisme. Ce dernier fournit un guide où sont indiqués les visites guidées incontournables du patrimoine lillois, les restaurants intéressants, les marchés, et enfin les cabarets, bowlings, bars et thés dansants. Il existe encore une autre brochure, la plus connue : *Le Chti.* Regroupant toutes les bonnes adresses de la métropole lilloise, ce guide est édité chaque année et distribué gratuitement. Il a la même fonction que **ches paches jaunes** (les pages jaunes de l'annuaire du téléphone), mais il est consacré aux loisirs. Ce guide contient également des offres qui permettent de profiter de ses soirées en payant moins cher : entrées gratuites en discothèque, verres offerts dans les pubs, dans les restaurants, etc… Visitez le site **www.lilletourism.com**. Si vous avez un accès Internet, vous pourrez également consulter **ches wèpes** (les pages web). L'équivalent des magazines est d'ailleurs disponible sur la Toile.

Arnitoile (littéralement : toile d'araignée)

Cleftier (clavier)

Cassis (écran ; littéralement : chassis de fenêtre)

Soris (souris)

Buquer (cliquer ; littéralement : frapper)

Arroïer un softwère (installer un logiciel)

Enfin, vous pouvez toujours vous **rabatte** (rabattre) sur l'Office du tourisme et les murs des villes qui vous informeront des différents événements par leurs **affichaches** (affichages). Voici quelques phrases qui pourront vous être utiles :

Os pourrettes m'arkominder quet' cosse ? (Pourriez-vous me recommander quelque chose ?)

Ch'est possibe eud' minger ou ch'est plein ? (Il y a encore de la place ?)

Du ke j' peux akater ches billets ? (Où puis-je acheter les billets ?)

Et combin ki koutent ? (Combien coûtent-ils ?)

Ch'est pas pou rin, te peux nin me l' faire gratis ch' cop chi ? (C'est cher, ne puis-je pas en avoir la gratuité cette fois ci ?)

Le verbe « comincher »

À présent essayez de deviner comment se conjugue le verbe commencer... **Nan, nan ! Sins raviser in d'sous !** (Non, non ! Sans regarder dessous !) Il est utile de l'employer pour savoir quand commence un spectacle, une séance de ciné ou l'ouverture d'un lieu de restauration.

J' cominche

Te cominches

I/al cominche

Os cominchons

Os cominchez

I/all's cominchent

Ch'est aju ! (C'est aisé !)

Revoyons les temps de l'indicatif qui sont aussi les plus usités.

Passé composé :

J'a cominché

T'as cominché

I a cominché (prononcé ya cominché)

Os avons cominché

Os avez cominché

Iz ont cominché

Imparfait :

J' cominchos

Tu cominchos

I cominchot

Os cominchottes / Os cominchommes

Os cominchettes

I cominchottent

Plus-que-parfait :

J'avos cominché

T'avos cominché

I avot cominché

Os avonmes cominché

Os avettes cominché

Iz avottent cominché

Futur :

Ej cominch'rai

Te cominch'ras

I cominch'ra

Os cominch'rons

Os cominch'rez

Iz cominch'ront

Et au conditionnel :

J' cominch'ros

Te cominch'ros

I cominch'rot

Os comincheronmes

Os cominch'rettes

Iz cominch'rottent

Mots clés

quind	quand
du	de où / où
spectaque	spectacle
comincher	commencer
argarder / raviser / arwétier	regarder
akater	acheter

Voici encore quelques mots concernant les spectacles : **el dinche classique, moderne et contimporaine** (la danse classique, moderne et contemporaine).

Au cinéma

Cha t'dirot d'aler vir un film au chiné ? (On va au ciné ?)

Y a quo à l'affiche in ch' momint ? (Qu'y a-t-il en ce moment ?)

À kel chinéma te veux l' ravisser ? Du k'in va ? (À quel cinéma allons-nous ? Où veux-tu aller ?)

Ch'est où l' Kinépolis ? (Où est le Kinépolis ?)

> Nul besoin de préciser que Kinépolis est un cinéma, car **tertous** (tout le monde) sait dans la région de quoi il s'agit. C'est le plus grand complexe cinématographique du département

du Nord. Il se situe à Lomme. Il y a aussi dans cette zone un centre commercial, un hôtel, un magasin de sport, un bowling, un jeu de pistolet laser en salle, cinq restaurants et un bar.

Quind in va là-bas, ch'est pour arluker un nouviau film ou eune nouvelle produktion. (Si on y va, c'est pour voir un nouveau film ou une nouvelle production.)

Le verbe « voir »

Conjuguons le verbe **voir** (voir), qui peut servir :

J' vos

Te vos

I vot

Os voïons

Os voïez

I vo'tent

Revoyons les temps de l'indicatif (encore !).

Passé composé :

J'a vu

T'as vu

I a vu

Os avons vu

Os avez vu

Iz ont vu

Imparfait :

J' voïos

Te voïos

I voïot

Os veïottes

Os veïettes

I voïottent

Plus-que-parfait :

J'avos vu

T'avos vu

I avot vu

Os avonmes vu

Os avettes vu

Iz avottent vu

Futur :

Ej verrai

Te verras

I verra

Os verrons

Os verrez

I verront

Et au conditionnel :

J' verros

Te verros

I verrot

Os verronmes

Os verrettes

I verrottent

Pour éviter de faire la queue, à **ch' t'heur, y a ch' qu' in appelle des manicrakes : ch'est bin pratik** (maintenant, il y a des machines : c'est très pratique). **Manicrake** est utilisé pour tout appareil électronique ou mécanique. Chaque machine quelle qu'elle soit est un **manicrake**. Un ordinateur est un **manicrake**.

Mots clés

chinéma	cinéma
un acteur / eune actrice	un acteur / une actrice
metteux in chène	metteur en scène
voer	voir
arluquer	regarder sans le montrer
manicraque	appareil

Le cinéma en pays du Nord

INFO CULTURELLE

Depuis peu – il est inutile d'en rappeler le motif –, la région Nord-Pas–de-Calais fait parler d'elle. Elle fait son cinéma. Dany Boon a montré la beauté d'une région au point de faire oublier que le film met en scène deux belles histoires d'amour. En songeant à ce chef-d'œuvre, on pense d'abord à Bergues, au Maroilles, à La Poste et surtout à la joie de vivre et à la bonne humeur. N'oublions pas pour autant de parler d'un autre film tourné également dans le Pas-de-Calais et qui mettait à l'affiche Guillaume Canet et Marion Cotillard. C'est peut-être le plus beau film d'amour français ! Il s'agit de *Jeux d'enfants*. Il est vraiment particulier et très drôle.

L'emploi de l'adjectif drôle nous donne l'occasion de faire une petite mise en garde sur un mot transparent. Si on vous dit : **T'es in marrint ti !** cela voudra dire que vous êtes drôle. En revanche si on vous dit : **T'es bin drôle ti !** cela veut dire que vous êtes bizarre. En effet, si l'on dit de quelqu'un : **Y est nin drôle !**

il s'agira d'un individu normal et même d'un être généreux : **Y a pos fait sin drôle, i m'a laiché trinte tros euros de pourboere/dringuèle**. (Il a été sympa, il m'a laissé trente trois euros de pourboire.)

Ch'est parti ! In y va ? Depek' te, saque d' dins un tiot peu ! (C'est parti ! On y va ? Dépêche-toi un peu !)

Ouais mais i a pas mèche… J' suis tel'mint adrot aujurd'hui que j' tueros point eune vaque dins un couloir. (Oui, seulement il n'y a pas moyen… Je suis tellement adroit aujourd'hui que je ne tuerais pas une vache dans un couloir.) Se dit habituellement d'un chasseur qui manque sa cible.

La première phrase contient une expression notoire, et un verbe à sens multiples que nous avons déjà rencontré, mais que nous allons expliquer davantage. **Saque n'dins !** (Lance-toi / dépêche-toi !) est parfois une simple expression destinée à encourager quelqu'un comme le ferait un compétiteur : **Ch'est tin tour, ch'est à ti que j'pale ! Et saque n' dins**. (C'est ton tour, c'est à toi que je parle. Fais ton maximum.) C'est aussi une expression passe-partout. Un gendarme peut vous inciter à circuler en vous disant : **Allez-y, saquez d' dins…. Euh ouais mais… pas trop quind même !** (Allez-y, reprenez le cours de la circulation mais… n'allez pas trop vite !).

Le verbe **saquer** peut vouloir dire : tirer (même dans un sens vulgaire, pour lequel je ne donnerai pas d'exemple), retirer, poser, déplacer, mettre, etc. Ce verbe pourra être qualifié de « couteau suisse ». Il possède également un sens très particulier. Pour préciser qu'on n'aime pas quelqu'un, on dit : **J' peux nin l' saquer ! Fallot pas qui fache paucher sin c'risier chez mi !** (Je ne peux pas le voir ! Il ne fallait pas qu'il fasse pousser son cerisier chez moi !)

Tin vélo i m' gêne pour mi passer… saque-le, dins l' garache ! (Ton vélo gêne le passage… enlève-le et mets-le dans le garage !) Sans transition , nous allons expliquer la construction **pour mi passer** (pour que je passe). Afin d'éviter l'emploi de pour que et du subjonctif, qui serait la forme correcte, on préfère l'infinitif. En l'absence du pronom sujet, on recourt au pronom tonique, comme il se doit après une préposition. Autre exemple : **V'là dij euros pour ti t'acater eun' babiole**. (Voilà 10 euros pour que tu t'achètes un petit quelque chose.) Cette construction est très fréquente et typiquement chtimi.

Exercice : sur le même modèle, écrivez en chtimi : « Le miroir lui sert à se faire belle. » Prenez un stylo et un papier ! Ne lisez pas la réponse de suite.

Réponse : **Eul miroer ch'est pour al eus' faire bièle**.

À noter : lorsqu'une personne vous gêne, comme dans les exemples cités plus haut, vous ennuie, se moque de vous,... vous pouvez « l'envoyer promener » en disant : **Brin à tin cul ! T'auras rin !** Ce que l'on peut traduire ainsi : « Oui c'est ça ! Tu n'auras rien de moi ! »

Au théâtre

En allant acheter vos billets, toutes sortes de places vous seront proposées. Ainsi, vous pourrez vous mettre à l'**orcheste** (orchestre), **à l' prinmier ring** (premier rang) **ou dins ches fauteuls des ringées suivintes** (ou dans les fauteuils des rangées suivantes). Vous préférerez certainement **eun' plache chintrale** (une place centrale), mais il y a fort à parier que che s'ra complet (que ce soit complet), **com' eul' pain** (comme le pain)... Une petite plaisanterie en passant, **car quind tout y est pris, i vaut mieux in rire que d'in braire** (car quand c'est complet, il vaut mieux en rire que d'en pleurer) !

Examinons brièvement ce y baladeur : **Tout y est pris**. On pourrait très bien dire **tout est pris**. Or, en chti, on reprend le sujet (**tout**, dans cette phrase) par y. En réalité, il s'agit de la reprise du sujet par le pronom personnel neutre : **il**, réduit à i, souvent noté **y** pour lui donner plus d'importance. Cette régle est importante à retenir !

Exercice : pour vous apprendre à utiliser cet y intempestif, écrivez en chti : « Quand je suis arrivé, tout était à terre. »

Réponse : **In arrivint, tout i/y étot par terre**.

Incor' un tiot peu (encore un petit peu) : « À mon retour, tout avait disparu. Il n'y en avait plus. Plus rien je te dis ! Tu entends ? »

Réponse : **Quind j' su arvenu, tout i avot disparu. In n'avot pu. Pu rin que j' te dis ! T'intinds ?**

Un autre mot inutile, ou explétif, est la conjonction **que**. Dans certaines phrases, cette conjonction semble indispensable, alors qu'elle redouble simplement la précédente : **Pourquo k' te mets l' nom d' tes kiens d'sus l' manicrake ? Si in t'appelle, ch'est nin l' kien qui va décrocher !** (Pourquoi mets-tu le nom de tes chiens sur le répondeur ? Ce n'est pas eux qui vont répondre si j'appelle !) Comparez le français : « Pourquoi mets-tu… ? » et le chti : **Pourquo qu' te mets… ?** Le **qu'** ne signifie rien, il double simplement le pourquoi, mais il s'impose dans le parler du locuteur chti.

Alors arvenons à nos vakes (revenons à nos moutons)… si tout est pris d'assaut dans le théâtre, **te t' mettras sus l' côté ! Ou te prinds ches escaliers et te vas in haut d'sus l' balcon, ou au paradis !** (Ou tu prends les escaliers et tu vas en haut… Soit au balcon ou au paradis !) Ce dernier se nomme aussi « pigeonnier » ou « poulailler ». Notez qu'en chti un pigeon se dit **coulon**.

Emploi des démonstratifs en fonction d'articles

El lingue d' ches finmes et l' queue d' ches kiens, cha berloke toudis ! (La langue des femmes, c'est comme la queue des chiens, c'est toujours en action !)

Exercice d'application : Écrivez en chti : « Le cabinet des médecins est toujours rempli. »

Réponse : **El sale d'attinte d' ches méd'sins l'est toudis pleine !**

Arvenons au téate ed' nouviau... K' te sos ichi, ou bin là, te verras bin évidemment l'chène ! (Revenons au théâtre… Peu importe la place, vous verrez la scène !) Vous devez donc connaître un verbe important : **attind' ! J' t'attinds pour nos aler minger**. (Je t'attends pour aller manger.)

J'attinds

T'attinds

I attind

Os attindons

Os attindez

Iz attintent

Révisons les temps de l'indicatif (vous parviendrez ainsi à les retenir !) :

Passé composé :

J'ai attindu

T'as attindu

I a attindu

Os avons attindu

Os avez attindu

Iz ont attindu

Imparfait :

J'attindos

T'attindos

I attindot

Os attindonmes

Os attindettes

Iz attindottent

Plus-que-parfait :

J'avos attindu

T'avos attindu

I avot attindu

Os avonmes attindu

Os avettes attindu

Iz avottent attindu

Futur :

Ej attindrai

T'attindras

I attindra

Os attindrons

Os attindrez

Iz attindront

Et au conditionnel :

J'attindros

T'attindros

I attindrot

Os attindronmes

Os attindrettes

Iz attindrottent

Demander une opinion

Inviter quelqu'un à donner son opinion permet souvent d'engager une conversation !

Komint qu' ch'étot ? (Comment était-ce ?)

T'as intindu quet' cosse sus ch't'estaminet ? (As-tu entendu parler de cet estaminet ?)

L'estaminet est un petit café populaire du nord de la France et de la Picardie. Il a même existé en Belgique avant de s'installer en France, puisque son nom est d'origine wallonne (*stamen*). L'existence des estaminets est donc ancienne. Ils ont connu une certaine défaveur, à la fin du siècle dernier. Mais le nouveau goût pour les anciennes traditions a redonné vigueur à leur caractère folklorique, surtout dans les campagnes. On y trouve les jeux d'autrefois : fléchettes, billon, cartes.

Donner votre opinion

Voici un peu de vocabulaire pour commenter et donner vos impressions sur ce que vous venez de vivre :

Vraimint biau (vraiment beau)

Grinmint amusint (vraiment amusant)

Excitin (excitant)

Fintastique (fantastique)

Dés'vint (décevant)

Ch'in valot la peine (ça en valait la peine)

J'ai trové l' tins long (le temps m'a paru long)

Pas très plaijant (pas très plaisant)

Ch'est pas min truc (ce n'est pas ma tasse de thé)

Ch'est nin pou mi cha (ce n'est pas fait pour moi)

Mots clés

j' m'imaginos	je m'imaginais
s'arprésinter	se représenter
les guincheux	les danseurs
déguijment	déguisement
l' tins étot long	le temps était long

Aller à une soirée

Les soirées sont l'occasion de se retrouver en famille ou avec des amis, des connaissances, des voisins. Soyez à l'heure… évitez les **imbouteillaches** (bouchons) ! **Ou ayez eun' bonne raijon** (ou ayez une bonne excuse à donner) ! Quand on va chez quelqu'un, on apporte toujours **quet' cosse** (quelque chose). Dans le top 5 des cadeaux figurent la bouteille de vin de qualité, les fleurs, le chocolat, la bouteille d'alcool fort, ou un cadeau amusant, comme un tee-shirt avec une inscription plaisante : **Pou li, el cayelle lonque, ch'est un sport estrême**. (Pour lui, la chaise longue est un sport extrême.)

Aujourd'hui, en plus du cadeau, on demande souvent comment on pourra participer à la constitution du repas. Par exemple à Noël, on apporte des huîtres, du saumon, le vin qui accompagnera les mets, ou bien sûr le dessert et le digestif. On peut même apporter le plat principal. **Quo k' te veux qu' j' prinds aveuc ?** (Que veux-tu que j'apporte ?)

> Notez que la préposition **aveuc**, qui, en français, doit toujours être accompagnée d'un nom ou d'un pronom, peut facilement terminer la phrase chti. Cet usage est même recommandé. De même, il est possible de finir sa phrase par **quo ?** : **J'y busie et j' te dis quo !** (J'y réfléchis et je te dis ce qu'il en est !)

Bien souvent, on repartira avec **in n' sait ko** (un petit quelque chose) : une bouteille de vin qui n'a pas été bue (c'est très rare !), un plat et sa garniture, du pain ou un cadeau prévu par l'hôte (oui, ce n'est pas exceptionnel). Au pire, vous êtes invité pour le lendemain. Cela s'appelle **eul raccro** : un second repas où on finit les victuailles de la veille, où on peut aussi préparer un nouveau menu.

In s' vot lundi, j'peux avoer fiate à ti ? Ch' est l' raccro du mariache. (On se voit lundi, je peux te faire confiance ? C'est le repas post-mariage.)

Quind te rintes chez ti, te bukes un caup ! J' saura qu' ch'est ti, qu' tout va bin et qu' t'es bin rintré ! (En rentrant chez toi, fais sonner le téléphone ! Je saurai que c'est toi, que tu vas bien que tu es bien rentré !)

Un anniversaire

Les anniversaires traditionnels se déroulent ainsi :

In peut y intinde ed' longues esclamasses et déclaquer ches pétards ! (On peut y entendre de longs cris bruyants et des pétards qui éclatent !)

Que tertous sochent à tape à quinze heures. Armonte el' pindule ! (Il faut que tout le monde soit à table à 15 heures, remonte la pendule.)

Et si t'es d' passache, te s'ras l' binv'nu auchi. (Si tu es de passage, tu seras également bienvenu.)

Ils se passent en famille ou avec les amis. Bien souvent pour les 18 ans, les 20 ans, les quarts de siècle… les 50 ans, etc. On réunit la famille et les amis, on dîne dans une salle que l'on aura louée ou bien chez soi. Pour les autres anniversaires, on regroupe la famille proche ainsi que le parrain et la marraine, soit chez soi, soit au restaurant.

Dans le cas d'un anniversaire traditionnel, on fera la fête le soir ou le midi. Cela durera toute la journée et/ou toute la nuit. On commence par l'apéritif. Suit un buffet ou un menu avec entrée et dessert. On finira par un café et un digestif. Après le repas, on prendra la boisson qu'on souhaite. De la bière principalement, ou tout autre apéritif, ou encore de l'eau… mais on vous dira pour plaisanter :

Te triches ! L'iau, ch'est seul'mint dins l' tiot jaune ! (Tu triches ! On met de l'eau dans l'anisette, c'est tout !)

À consommer avec modérachion, mais dis me ti z'aute… Ch'est qui Modérachion ? Ch'est un drôle ed' nom in tous cas ! Cha dot ête belche !

(À consommer avec modération… mais qui est Modération ? C'est un nom bizarre en tout cas. Ça doit être belge.)

On peut encore entendre : **Méfie-te ! Cha fait rouiller ! — Mais nan, nonoche !** Méfie-toi ! (Ça fait rouiller ! — Mais non, neuneu !)

L'été, le repas se fera à l'extérieur autour d'un barbecue ou d'un méchoui. Ensuite, on jouera aux cartes et il y a fort à parier que ce sera à la belote. Mais grâce à la nouvelle génération, le Texas Hold'em Poker est en passe de devenir une institution dans les fêtes de famille. D'autres jeux peuvent être envisagés, tels que les dames et les échecs, ou encore une partie de football ou de tennis de table. On dit **juer à cartes, juer à dames**, mais **juer aux échecs et faire un foot** (jouer aux cartes, jouer aux dames, jouer aux échecs et faire un foot). Un anniversaire est souvent célébré le week-end. Cependant pour respecter le jour J, on pourra le fêter en semaine (le cas est très rare pour des fêtes traditionnelles).

Si quelqu'un vous demande ce que vous faites pour votre anniversaire, vous lui répondrez :

J' done eun' fête à m' baraque. T'as qu'à v'nir ti ochi ! (Je donne une fête chez moi. Viens aussi si tu peux !)

Rin d'espéchial. J'ai queusi de n' faire qu'eune cosse : vir un viu camarate eud' régimint. (Rien. J'ai choisi de ne faire qu'une chose : voir un vieux camarade de régiment.)

Et lui vous dira : **Bin…bah… amuz' te bin alors !** (Eh bien… amuse-toi bien alors !) Ou : **Merchi, c'est ginti ! Bin, j' vindrai t' vir à t' baraque !** (Merci c'est gentil ! Eh bien, je viendrais chez toi !)

> Dans ces fêtes, on pourra trouver la fameuse **tarte au chuk** (tarte au sucre) : la garniture de cette tarte est faite de castonate, et de crème fraîche liquide. La tarte est meilleure quand le fond est une pâte levée.

N'oubliez pas trois recommandations importantes :

Ne mingez pas trop cras, trop d' sé ni trop d' chuk. L'abus d'alcool est dinjreux pour eul' sinté. (Ne mangez pas trop gras, trop salé, trop sucré. L'abus d'alcool est dangereux pour la santé.)

Eul dernière, eul plus importante... Dépinche toi bin mais dépinche pas trop ! (La dernière, qui est aussi la plus importante... dépense-toi bien mais ne dépense pas trop !)

Être invité

Nous le rappellerons encore et toujours, la porte des « Nordistes » est toujours ouverte ! Cependant, comme partout dans le monde, certaines invitations se font à l'avance et dans ce cas vous formulerez sans peine vos questions.

Vas-y, rinte... et fais sissite ! Assis-te ! (Allez rentre... et assieds-toi ! Assieds-toi donc !)

J' voudros t'inviter. J' fais du chicon gratin ! (Je voudrais t'inviter. Je fais du chicon gratin.)

Quind k' ch'étot l' fête ? (Quand s'est déroulée la fête ?)

Décliner une invitation

En général, cela ne se fait pas. On ne refuse pas une invitation à moins d'avoir un empêchement pour une motif plus important que l'invitation elle-même. On peut aussi refuser une invitation quand on en a une autre le même jour : **Nan, ch'est dommage, j'ai ochi kette kosse ed' prévu !** (Non, c'est dommage, j'ai aussi quelque chose de prévu !)

Accepter l'invitation

En acceptant l'invitation, vous vous engagerez aussi (mais parfois l'hôte ne doit pas le savoir... alors chut... **ch'est un secret, ch'est intre nous**) à apporter **eun' séquo** (un petit quelque chose) :

Cha m' f'rot plaigi. Quo k' te veux que j' rapporte ? (Ça me ferait plaisir. Que veux-tu que je rapporte !)

Nan, ch'est pos la peine. I éro grinmint à mincher et à boere. Par conte, por eune fos, mets des loques à t' talle ! (Non, ce n'est pas la peine. Il y a tout ce qu'il faut à manger et à boire. Par contre, pour une fois, mets des affaires à ta taille.)

Te pourros nos apporter de l' bière et de l' tarte au marolles. Ou incore de l' carbonate, ch'est eun' mervelle quind tu nos fais t' pékeum'. (Tu pourrais apporter de la bière et de la tarte au maroilles. Ou encore de la carbonnade flamande, c'est une merveille quand tu les cuisines.)

Parler d'une soirée

TRUC

Si quelqu'un vous demande comment était la soirée, vous pourrez répondre :

J' m'amusse comme eune croûte eud' pain derrière eune malle. (Je m'amuse comme une croûte de pain derrière une malle.) Cela signifie que l'on s'ennuie à mourir.

Ch'étot fin bin. In n' sait pus jussqu'a kelle heure k'in est rechté ! (C'était très bien. On ne sait plus l'heure à laquelle nous l'avons quitté.)

On est fin bénache. (On est vraiment content.)

Eul soirée l'étot agréape / formidape / épuisinte.

Excursions et visites

Ces deux termes invitent à voyager…

INFO CULTURELLE

Tout in haut de ch' terril est une chanson d'Edmond Tanière, un grand chanteur et compositeur du département. Ses chansons sont emplies de réalisme et d'humour et ont marqué l'histoire minière du Nord. Né en 1937, il nous a quittés en 1991. Le titre auquel je fais référence raconte l'histoire d'un homme qui passe ses vacances en haut d'un terril. À écouter absolument, car c'est sublime ! Renaud en a fait une reprise, mais ce n'est pas la seule. Il interprète bon nombre des chansons de ce M. Tanière qui affirme que, perché en haut du terril : **I s'crot à Chambéry. Sin quitter sin patelain**. (Il se croit à Chambéry. Sans quitter son village.)

Changeons de lieu…

J'ai quer min gardin, cha m' donne l'impression d'ête dins l' nature ! (J'aime mon jardin, ça me donne l'impression d'être dans la nature !)

J'ai quer observer les zosiaux dins ches rues o dins ches bos. (J'aime observer les oiseaux dans les rues ou dans les bois.)

I a draché, alors eum' tinte elle pichot comme un arrosoir. (Il a beaucoup plu. L'eau rentrait dans ma tente en abondance.)

Voici deux joyaux de nos contrées, que nous avons évoqués en introduction…

Le cap Blanc-Nez, situé dans le Pas-de-Calais, est constitué de falaises verticales de craie et de marne. Elles mesurent plus de 130 mètres de haut et les parois abruptes sont bercées par la mer. Ce site fait partie intégrante du parc naturel régional des caps et marais d'Opale. *Par temps clair, on peut apercevoir de là les falaises d'Angleterre, les côtes anglaises, le cap Gris-Nez et la baie de Wissant au sud-ouest, la plaine flamande au nord et les collines du Boulonnais à l'est.*

Le cap Gris-Nez est un promontoire de 45 mètres de hauteur. La partie inférieure (la base) date du jurassique. La matière en est de type argilo-gréseux. Il se situe dans le détroit du Pas-de-Calais, qui sépare la Manche et la mer du Nord. Cette avancée de falaises se révèle être le point du littoral français le plus proche de l'Angleterre. Du sommet de ce cap, par temps clair, on a aussi une belle vue sur les côtes anglaises et sur le cap Blanc-Nez.

Chapitre 8

Culture chti

Des chansons Chti

Et si on chantait !

Ces chansons sont extraites de *Poèmes et canchons d'ichi, d'adam et d' à ch' t' heure* de Guy Dubois.

Ma loute

Chanson des rues des années 20 qui faisait partie du répertoire du lensois Alfred Duquénoy.

In a fait des tas d'canchons
J'in connos eun' sur un dicton
Ma loute.
Ech' mot-là in l'intind partout
Car vraimint in le dit tertous
Ma loute
Aussi tous les hommes d'à ch' t'heure
Disent à l'élue de leur cœur
Ma loute
J'sus bin contint de t'rincontrer
Car j' ai invie de t'présinter
Min loute.

Au bal in intind des infants
Qui n'ont même point incor 15 ans,
Ma loute

Si té veux danser avec mi
Té verras que j' s'rai gentil
Ma loute
Ej' té vas serrer dins mes bras
Et toute heureuse té sintiras
Min loute
Et si t'es continte d'tin Julot
Après cha j't'in f'rai cadeau
Ma loute.

Deux amoureux, un soir d'été
Disottent s'in allant s'prom'ner
Ma loute
I z'étottent émus tous les deux
Et i s'disottent d'un air heureux
Ma loute
Ej' té vas t'pocher sur min cœur
Té sintiras min bonheur
Ma loute
Ouais, mais pus tard v'là l' chiendent
V'là qu' all' avot un p'tit infant
Ma loute

La morale de m' pétite canchon
Si vous dites à un tendron
Ma loute
L'amour souvint cha vous rind fou
I faut faire attintion surtout
Min loute
Aussi tous les vieux d'à présent
A leu femme disent in s'rappelant
Min loute
Dins l' temps j' te l'ai bien donnée
A ch' t'heure all' est toute chiffonnée
Pauve loute.

L'habit d'min vieux grand-père

d'Alexandre Desrousseaux (Lille)

Un homme au sujet de s'capote
Qui n'avot porté qu'eun' paire d'ans,
Désolé d'in faire faire eun' aute
Dijot in parlant du vieux temps.
Un habit d'homme
Ch'étot tout comme
Un vieux portrait qui passe d'main in main,
Et qui rappelle
Tout du modèle
Les qualités, les défauts ,et l' destin.
Aussi l'homme qui l'avot fait faire
Mettot des soins à l' conserver.
Et t'nez, chin qui va vous l' prouver
Ch'est l'habit d'min grand-père (bis)

Il l'a fait faire pour sin mariache
In l'année mil siept chint trinte tros,
Par un tailleur du voisinache
Qui n'n'a rêvé pindint tros mos.
Car dins s'boutique
Jamais pratique
A ch' point n'avot c'mandé rien d'si élégant.
Mais pour tout dire
L' mieux comme el' pire
Il a su l' faire aller tout comme un gant.
On dit que d'joie i n'a fait qu' braire
Quand il l' a vu si bien porté
Et qu'à l' noce tout monde a vanté
L' habit d'min vieux grand-père (bis)

Il a mis dix fos chelle bielle pièche
Pindant l'espace ed' vingt-chinq ans,
Ch'est à les noces d'eun' sœur, d'eun' nièche,

Au baptême de ses huit infants.
Mais les dimanches
Tout d'puis les manches
Jusqu'au collet, avec soin, i l' brouchot,
Et ch'l'affaire faite,
Allot l'armette
Dins sin vieux coffre...là huit jours i restot.
Hélas ! Un jour a v'nu la misère
Et m' gra-mère d'un air attristé
A dû porter au Mont d'Piété
L'habit d'min vieux grand-père (bis)

Min grand-père meurt, mais s'n'habit reste
A min père qui l' porte quinze ans.
Alors il in fait eun' veste
In li raccourchissant les pans.
Mais queulle histoire!
In r'venant d'boire,
Eun' fos min père, à m'mère, cache des raisons.
V'là qu'on s'dispute,
V'là qu'in s'culbute,
V'là qu'in s'arrache les ch'veux, les cotillons.
Infin,la paix finit pa' s'faire,
Mais l' lind'main, à peine décroché,
Min père brait d'vir tout déquiré
L'habit d'min vieux grand-père

I n'y avot pus moyen de l' mette
Sans l' rapticher d'tous les côtés.
Alors eun' idée passe dins l' tiête
De m' mère qui dit «Père acoutez,
No garchon Jacques
Autour des Pâques
S'il est savant f'ra s'première communion.
V'là tout l' affaire
Ch'est de l' faire faire
Juste à sin point par un tailleur in r'nom»

Min père a compris qu'i d'vot s'taire
In intindant cheull' bonne raison.
J'ai donc mis l' jour de m' communion
L'habit d'min vieux grand-père (bis)

Quoique solide il a fini d'rire
Ch'l' habit si rare ,si bon, si biau,
Malheureus'mint
J'peux bien vous l'dire,
On n'y trouve pus même un morciau.
Avec eun' manche,
M' femme un dimanche
A rapièch'té min patalon collant.
Et t'nez, m' casquette
Elle vient d'ête faite
Dins l'un des pans et dins l' mitan du d'vant.
Infin quand m' femme a dev'nu mère
N'ayant point d'pichou pou s'n'infant,
Elle s'a vite servi du restant
D'l'habit d'min viux grand-père (bis)

L'carrette à quiens

Chanson lilloise d'Auguste Labbe, musique de Victor Absalon

Bonne gins qui veyez m' triste mine
Acoutez ch'l'effrayant malheur
Ed'pis ch' matin in m'assassine
In torture min pauv' p'tit cœur.
J'avos eun' quienne app'lée Finette
Que j'aimos comm' min prope infant
Elle vient d'ête inl' vée dins l' carrette
Vétiez si ch'n'est point désolant.

Ah plaignez Finette
Elle est dins l' carrette

I m' l'ont collée ches capons, ches vauriens,
Dins l' carrette à quiens.

All' sortot justemint de s'cache
Quand ils l'ont pris ,ch'est affligeant,
Même avec s'tiête dins ch' liache
I m' semblot qu'all criot «Maman!»
J'ai eu biau réclamer tout d'suite
Pour réponse un mécant blanc-biec
M'a crié «Décampez bien vite,
Ou j'vous prinds dins l' carrette avec !»

Quand j'allos pour faire min p'tit somme,
All' manquot jamais d'faire comme mi,
Je l' l'aimos bien mieux que m'n'homme,
Elle étot pus fidèle que li.
A l' quinzaine s'i faïjot bombance,
Faut vous dire qu'ch'est l' roi des graineux,
S'i volot m' donner eun' bielle danse,
Finette sautot inter nous deux.

Malheureus'mint je n'sus point riche
Mais pour ravoir min p'tit trésor
J'donn'ros bien jusqu'à m' quémiche
Car m'in passer cha s'rot ma mort.
Mais bonnes gins, pour ravoir Finette,
Cha coûte querre et j' n'ai point les moyens.
Inter vous ,faites eun' pétite quête
Et j' vous aim'rai autant qu'min quien.

Voici un texte de l'auteur, qui résume à lui seul toute la culture chtie. Vous êtes prêt ? Chaussez vos lunettes !

Eune cokile

Li, ch' t'andoulle faut béto toudis qui berdle !

Bédu, veucq li faut sur'mint pas ête à l'atarge !

Quind te l' bike, faut camucher tin cul.

Bérade, in dot aler boire eune jatte, bé, j' cros que j' vas m' faire un billet d' malade pou mi nin y aler !

I finit toudis comme eune bitlanjoire : ed' bistincuin... et qué brichaudeux.

Chpindant, i est dué ! L'aute jur ches cadoreux i l'ont arrêté qu'i avot tros grames, tros grames et d'mi. Il leur a conté un conte, à tuer des leus et eux i l'ont raconduit à ch' barraque.

Ch'est là qu'i a trifouillé a ch' clinche et qu'i a cuché dewors.

Ch' finme, elle l'a vu arriver et in arvettint par l' judas, al a arconnu ches brins d' judas et elle l'a foutu à l' cour mais sins qui rinte chez li.

Ch'est tiot biloute aleurs que j' calaudais aveucq qui m'a appris l'affaire !

I s'est fait bourler !

Une coquille

Lui, cet idiot, faut presque toujours qui râle !

En effet, avec lui, il ne faut jamais être en retard !

Si tu le dépasses, protège tes arrières.

Bientôt, on doit aller prendre un verre, eh bien, je crois que je vais me faire porter malade pour ne pas avoir à y aller !

Il finit toujours comme une balançoire : de travers... et quel gaspilleur !

Malgré tout, il est doué ! L'autre jour, les gendarmes l'ont arrêté. Il avait trois grammes, trois grammes et demi !

Il leur a raconté une histoire à dormir debout et ils l'ont reconduit chez lui !

C'est alors qu'il a trifouillé sa poignée de porte et qu'il a dormi dehors.

Sa femme l'a vu venir et en regardant par le judas, elle a reconnu ses taches de rousseur et elle l'a mis dehors sans le faire passer par la case départ.

C'est **tiot biloute** qui m'a appris tout ça tandis que nous bavardions !

Il s'est fait rouler.

Proverbes et expressions chtis

Les expressions suivantes, hautes en couleur, sont tirées du livre : *Proverbes et expressions du Nord-Pas-de-Calais en patois*, Bernard Baralle, Ed. Nord Avril, Bouvignies, 2004.

La femme

All'est bielle comme un ognon, in n' peut point l'arweitier sins braire.

Elle est belle comme un oignon, on ne peut pas la regarder sans pleurer.

(Autrement dit : elle est très laide.)

Eune finme, ch'est comme eune mule, cha a l' tiète dure et cha n'obéit qu'aux caresses.

Une femme, c'est comme une mule : ça a la tête dure et ça n'obéit qu'aux caresses.

(Aucune comparaison dans ces proverbes ne valorise la femme.)

Erotica

Al a des yux à faire sauter des boutons d' brayette.

Elle a des yeux à faire sauter des boutons de braguette.

(Elle a des yeux à tenter le diable !)

Scatologica

J'i'ai si quer que si j' l'avos dins m' pinche, j'iros l' quier à l' rivière.

Je l'aime tant que si je l'avais dans mon ventre, j'irais le chier à la rivière.

(Façon grossière de dire qu'on déteste quelqu'un.)

Le visage

Que miraque ! l' biec d'un âne qui fleurit !

Quel miracle ! le bec d'un âne qui fleurit !

(Se dit, par moquerie, d'une personne qui a une fleur à la bouche.)

Le diable

Cha tient comme el diape au cul d'un moine.

Ça tient comme le diable au cul d'un moine.

(Ça ne risque pas de se décrocher.)

L'avarice

I n'attique point sin quien aveuc des saucisses, il arot trop peur qu'i minge el cordiau.

Il n'attache pas son chien avec des saucisses, il aurait trop peur qu'il ne mange la corde.

(Se dit d'un avare.)

Les menteurs

Va t'in dire cha à ches qu'vaux d' bos, t'aras mie d' cops d' pied.

Va dire cela aux chevaux de bois, tu ne recevras pas de coups de pied.

(Si tu veux qu'on te croie, va raconter ça aux autres.)

À d'autes, chelles là sont cuites.

(Se dit pour répondre à celui qui conte des sornettes.)

Locutions

Je n' sus point v'nu pour infiler des perles.

(Si je suis venu, c'est pour me rendre utile.)

Brais, te pich'ras moins !

Pleure, tu pisseras moins !

(C'est ce qu'on dit à ceux qui pleurent pour un rien.)

Expressions de nos communes

Te r'viens d' Naves ?

(Se dit de celui qui ne comprend pas ce qu'on lui explique. Les habitants de Naves, près de Cambrai, passaient pour peu évolués.)

Ch'ti qui va, i lèque, ch'ti qui reste, i sèque.

(Proverbe d'Hasnon et de Pévèle : celui qui sort de chez lui peut profiter de nombreuses occasions, en particulier celle de se faire inviter.)

All'est rach'mée à l'ututu comme les vaques ed Rumegies.

(À Rumegies, près d'Orchies, à la frontière belge, les femmes avaient autrefois une coiffure particulière.)

Te v'la incor parti à Faches.

(Se dit de celui qui prend facilement la mouche.)

In fet comme cheux d'Arras.

(Cette expression de l'Artois signifie qu'on fait de son mieux.)

Proverbe du Moyen Âge (XIIIe siècle)

Ja ne saroient médisants senestoietre sus écoutant.

Jamais il n'y aurait de médisants s'il ne se trouvait d'oreilles attentives.

Chés noms j'tés (Noms jetés)

Les noms jetés sont des noms de villes auxquels on associe des sobriquets pour les habitants de ces villes et villages.

A

Achicourt (62) **chés baudets**

Se dit aussi pour Esnes, Estaires (59), Haisnes-lès-La Bassée, Hinges et Izel-les-Hameaux (62). **Cha in fait des baudets**…

Annezin (62) **chés croqueux d'orelles**

Se dit aussi à Helfaut (62)

Arras (62) **chés boïaux rouches**

Arleux (59)	**chés meumeux**
Attiches (59)	**chés coqu'leux**
Aubers (59)	**chés longs viers**

B

Bauvin (59)	**Chés mingeux d' galets**
Bergues (59)	**Chés couillons**
Boulogne-sur-Mer (62)	**Chés maqueux d' breulles**
Busnettes (62)	**Chés baigneaux à tros reules**

H

Hulluch (62)	**Chés viaux rincauchés**

I

Illies (59)	**Chés cos d' maqué (combat)**

P

Pérenchies (59)	**Chés tartes à pommes**
Ploegsteert (59)	**Chés briqu'teux**
Provin (59)	**Chés mingeux d' par'mint**

R

Rely (62)	**Chés pourris, chés ivrognesses**
Robecq (62)	**Chés quien qui crittent**
Rouvroy (62)	**Chés ballots**

S

Samer (62)	**Chés mingeux d' biques**
Seclin (59)	**Chés loqu'los**

T

Tattinghem (62)	**Chés soïeux d' bourriques**
Tourmignies (59)	**Chés berlafards**

Cafougnettes et cacoules

Cafougnette est un héros de la région. Il a été créé par Jules Mousseron, poète de langue picarde et mineur de fond.

Ses histoires sont inspirées de mésaventures de ses propres amis. Afin de leur éviter les moqueries, il remplaçait leur nom par celui de Cafougnette ! C'est ainsi que tous les problèmes du monde s'abattirent sur ce personnage. C'est grâce à cela, qu'il s'est imposé aux yeux de tous. On a reconnu en lui l'homme rencontré au marché, à l'estaminet ou à la ducasse ! Cafougnette ne survit pas qu'au travers de ces bonnes histoires. Les Denaisiens l'ont matérialisé en *Géant*. Chaque lundi de Pâques, il mène le carnaval dont il est le roi et réchauffe le cœur des spectateurs.

Les cacoules sont des histoires « montées de toutes pièces ». Elles ont une dimension éducative et divertissante. Une cacoule est aussi tout simplement une bêtise que l'on raconte à quelqu'un.

Deux, tros cafougnettes

1

Cafougnette est invité à manger au château par Mme la marquise. Au cours de la réception, il est pris de violentes coliques qui l'obligent à quitter la table.

« **Ch' câtieau i est trop grand**, se dit-il, **je n' vas point user mes gambes à cacher les WC, j' m'in vas m' soulager dins ch' gardin**. »

Et il va poser culotte dans le potager. Quand il revient, la marquise lui fait part de son inquiétude.

« **Mais où étiez-vous, monsieur Cafougnette, nous étiuons inquiets ! Dites-nous où vous étiez.**

— Ah, j'ai tchié derrière ch'l'haïure, madame la marquise. »

2

Cafougnette, au volant de sa voiture, traverse un village à toute allure. Il est poursuivi par un motard qui réussit à le stopper à quelques kilomètres de là.

« **S'cusez-me, m'sieur l'agent**, dit Cafougnette, **comme j' n'ai pus d' frein sus m' carette, je m' dépêche ed' rintrer avant d'avoir un acchidint !** »

3. Patois surréaliste

Cafougnette racontot l' martyre ed' Saint-Denis :

« Ch' bon saint, les mains loïées derrière sin dos, avot eu s' tiête copée d'un cop d'hache, et aussitôt

après, il avot ramassé s' tiête et étot arparti avec, in-d'zous sin bras.

— Commint veux-tu qu'i ramasse es' tiête, pisque ses mains étottent loïées derrière sin dos ? li fait armarquer sin comarate.

— Niquedoule ! li répond Cafougnette, il l'a ahoupée avec ses dints ! »

Pour tout bien comprinte :

– ahouper : attraper, prendre.

Eun' paire ed' cacoules

Parlache ed' nou pères

Ed' pis toudis, chés fius ed' Chocques i vont sus ch'l'Atte, juer au ballon. Du temps de ch' viux Bon Diu jusqu'à ch't'heure, ed' père in fils, in a l' coutume d'app'ler l' plache ed' Saint-Sauveur ainsi : ch'l'Atte.

« Dù qu' t'as cor été t' barloquer au liu d' faire tes d'voirs.

— J'étos sus ch'l'Atte, man, in train d' m'amuser.

— Sus ch'l'Atte, té peux point parler comme i faut et dire sus l' plache verte ! Mais quo qu' ch'est qu'in t'apprind à l'école ! »...

... Ech' maire ed' Chocques i vient d'i printe l'idée d' faire eun' belle plache in goudron pour ringer chés autos sus ch'l'Atte. Ch' bulldozer avot à peine

rimpli 2 béniaux... quo qu' ch'est qui démuche ? Des oches ! In d'zous de belle plache verte y'avot un chimintière du onzième sièque ! Nin v'là d'eun'affaire !

Mais savez-vous, mes gins, commint qu'in dijot un chimintière in viux français au onzième sièque : ATRIE.

Et commint qu'in dijot in latin autrefos ? ATRIUM.

El' nom de ch'l'Atte i vient d' là ! Va-t-in vir ed' dù qu'i s' déssaque nou patois !

Chès critiqueux i auront bieau dire qu'arv'là-chi du parlache ed' professeux ou d'inseignint, mais l'occasion all'étot trop belle pour mi, ed' détiquer eun' vielle rachenne ed' min viux terroir.

Eun'auto électronique

J' m'a laiché dire ! Ch' vindeux i étot tell'mint amiteux, qu'après avoir acouté sin bonimint, j'ai acaté eun' carrette qui parle.

Ah, que ch'est bieau la technique, que ch'est pratique ! All' dit que temps qu'i va faire, si qu'y a cor assez d'essence, si chés portes all' sont bien freumées ! All' dit tout, et t'nez-vous bien, all' parle in patois, parc' que j'ai pris l'option PATOIS.

All' dit : « Mes gins, o'zêtes bien installés, mais je n' peux point mette in route, parc' qu'o n'avez point ablouqué vou cheinture ! »

Hier, ej'monte dins m'n'auto.

« Dù qu'in va ? qu'all' dit.

— Bin, qu' j'i réponds, in va in ville acater du pain, pis ch' jornal, pis à la poste.

— Quoi ! Té vas pas m' déringer pour chà ! Té t' rinds pas compte du prix de ch' super ! Té f'ros miux d' printe tin vélo, chà t' frot faire du sport ! Et pis, dù qu'in va cor estationner ? Té n' vos pas l' monde qu'y a in ville ? Té risqu'ros cor de m' faire eun' blèque in t' ringeant ! Mi, si ch'est pour toudis ête cholée ainsi, j'a aussi querre rester au garache ! Vas-y à pied ! »

Mon diu, que j'argrette-ti em' deudeuche ! All' téquot toudis, mais all'avanchot sans rien dire ! Aussi, ej' profite de l' gazette pour mette eun'annonche pour arvinte em'n'archelle qui parle. Mais n'allez point i raconter chà ! Je n'n'attindros pour mes quate sous in m' mettant au volant !

Pour tout bien comprinte

– **amiteux** : gentil.

– **ablouqué** : accroché avec une boucle.

– **eun' blèque** : un coup.

– **téquer** : toussoter.

– **archelle** : insupportable.

La plupart des noms **j'tés,** les **cafougnettes** et les **cacoules** sont signés **Guy de ch'bos**.

L' b… a… ba du patois de chez nous, Guy Dubois, 1995.

Recettes traditionnelles (Erchète à Dam)

Voici trois recettes incontournables. Les essayer, c'est les adopter (merci à Dam, le frère de l'auteur !).

Le pain perdu à la flamande

– 2 pistolets

– 4 belles tranches de maroilles

– 4 tranches fines de lard fumé
– 1 œuf
– 1 canette de 25 cl de Leffe 9
– 4 endives
– un peu de vinaigrette
– quelques branches de ciboulette fraîche

Couper les pistolets en deux, les laisser durcir une journée. Battre l'œuf dans un plat et finir de le battre en versant un peu de Leffe. Tremper le pain dans le mélange œuf/bière et le faire dorer à la poêle dans du beurre fondu, griller le lard fumé sur les 2 faces à l'aide du gril du four. Mettre ensuite les 4 morceaux de pistolets dans un plat à gratin, poser le lard sur le pain puis les tranches de maroilles, faire gratiner au four.

Pendant que le fromage gratine (attention, cela va vite), émincer les endives, les assaisonner avec la vinaigrette, ciseler la ciboulette et en parsemer les pistolets sortis du four. Dresser dans une assiette avec les chicons à part… et bon appétit bien sûr !

Les beignets de crevettes grises, façon « De Panne »

– 500 g de crevettes grises décortiquées (on en trouve en barquette à Auchan)
– ll de béchamel un peu épaisse
– un peu de muscade râpée
– 1 œuf
– un peu de farine
– 200 g de chapelure
– 1 sachet de salade roquette
– 1 grosse échalote
– huile, vinaigre d'alcool, moutarde, sel, poivre pour la vinaigrette

Préparer la béchamel sans trop la saler mais en y ajoutant un peu de muscade. Verser la béchamel chaude sur les crevettes dans un saladier, mélanger un peu, laisser infuser et refroidir l'appareil, le placer au frigo au moins 10 heures.

Ciseler finement l'échalote, confectionner une vinaigrette à la moutarde, puis y ajouter l'échalote.

Le mélange une fois figé, verser la farine dans un ramequin, battre l'œuf dans un 2e, puis mettre dans un 3e la chapelure. Confectionner des quenelles (au moins 4 par personne) avec l'appareil, puis les paner dans l'ordre cité plus haut : rouler une quenelle dans la farine, puis dans l'œuf, puis dans la chapelure. Faire chauffer la friteuse (ou une casserole remplie à moitié d'huile pour friture).

Préparer la salade de roquette avec la vinaigrette, la disposer dans le creux des assiettes. Faire frire les quenelles jusqu'à ce qu'elles colorent, les égoutter soigneusement dans du Sopalin et les placer sur les lits de salade.

La carbonnade flamande

- 300 g de viande à bourguignon / pers. (pendant la cuisson, la viande diminue de masse…)
- 2 bouteilles de Trois Monts (ou Leffe blonde)
- 70 g de carottes
- 70 g d'oignons
- 1/4 d'une plaque de chocolat noir
- un peu de thym et laurier pour faire un bouquet garni
- un peu de beurre, huile, sel, poivre

Faire chauffer l'huile dans un fait-tout et saisir vivement les morceaux de bœuf, bien les colorer (marron foncé), puis les placer dans un saladier. Ne pas mettre toute la viande à saisir en une seule fois, mais procéder en plusieurs étapes, pour éviter qu'elle blanchisse et que la sauce soit alors trop claire.

Une fois la viande rissolée et retirée, faire fondre le beurre, puis faire revenir les carottes et les oignons émincés finement. Après coloration, mettre à feu vif et verser le saladier de viande, bien mélanger son contenu avec les carottes-oignons : l'ensemble doit crépiter un peu. Puis verser une bouteille de bière sur la viande doucement, car la réaction va faire mousser la bière. Porter à ébullition.

Pendant que la bière chauffe, décoller à l'aide d'une cuillère en bois les sucs collés dans le fond du fait-tout (les sucs sont les tout petits morceaux de viande qui ont attaché lors de la précédente cuisson). Aussitôt après l'ébullition, baisser le feu, écumer la mousse épaisse et grisâtre en surface, saler, poivrer et placer le bouquet garni.

Laisser cuire environ 1 heure 30. Si le jus devient insuffisant, ouvrir la 2e bouteille de bière et immerger le bœuf. Goûter la viande pendant la cuisson pour contrôler si elle est cuite et si la sauce n'est pas fade. Quand la carbonnade est presque cuite, ajouter le chocolat noir cassé en morceaux et remuer délicatement, baisser le feu à nouveau pour que la sauce ne colle pas au fond. Une fois la viande cuite, retirer le bouquet garni et servir… avec des frites bien chaudes.

Pour les amateurs de salé-sucré : émietter finement une tranche de pain d'épice et en saupoudrer son assiette avant de manger…

Mini-dictionnaire : chti / français

A

À cause / Pourquoi

À ches fêtes / À bientôt

À d'main / À demain

À l'arvoyure / Au revoir

Abattre / Abattre

Abouler / Arriver

Acater / Acheter

Achteure / Maintenant

Acruire / Mouiller

Adé / Au revoir

Agréape / Agréable

Aile / Aile

Aïer / Hier

Ailleurs / Ailleurs

Airier (s') / Prendre l'air

Ajurd'hui / Aujourd'hui

Al, all / Elle

Albauder / Fainéanter

Albran / Maladroit, mauvais

Alfois / Quelquefois

Aler (s'in) / Aller (s'en)

Alleumer / Allumer

Alloter, saquer / Secouer

Amicloter, adodiner / Bercer

Amoureux / Fiancé, amoureux

Anicher (s') / Se nicher

Août / Août

Ape / Arbre

Apoticaire / Pharmacie

Appartemint / Appartement

Apprinde / Apprendre

Après nenne, après-déner / Après-midi

Aprésau / Automne

Apruver / Essayer

Arabier / Mettre en colère

Arbusier / Se rappeler

Arcomincher / Recommencer

Arculer / Reculer

Ardire / Redire

Ardrêcher / Redresser

Armerchier / Remercier

Armonter / Remonter

Arobasse / Arobase

Arouser / Arroser

Arracheux / Arracheur

Arrêter / Arrêter

Artrouver / Retrouver

Arvenir / Revenir

Arvoir / Revoir, au revoir

Assommer / Assommer

Atomber, querre / Tomber

Attinde / Atteindre, attendre

Aute / Autre

Aveucq, avecq / Avec

Avoer / Avoir

Avoer quer / Aimer

Avri / Avril

B

Bache / Flaque

Bafier / Parler

Baisse / Bise

Barbouilleux / Barbouilleur

Barraque, mason, maijon / Maison

Belches / Belges

Belle / Lune

Bélot, bélote / Beau, belle

Bénache / Content, heureux

Bèque / Bègue

Berdoule / Boue

Berloquer / Balancer ou se balancer

Berziller / Casser

Bétal / Bétail

Biclou / Vélo

Bidet / Cheval

Biau / Beau

Biaux-gins / Beaux-parents

Bielle / Belle

Biête / Bête

Billet / Billet

Bin / Bien

Blagues / Blagues

Bleusse / Menterie

Bochu / Bossu

Bojour / Bonjour

Borne / Borgne

Boteux / Boiteux

Boubourse / Abruti

Bouque / Bouche

Bouqin / Bouquin

Boutique / Travail (lieu de)

Bos / Bois

Boserie / Boiserie

Boubourse, indoule, nanard, niguedoule, niqu'doulle / Bête (pour un homme)

Boulinguer / Boulanger

Braf / Brave

Braire / Pleurer

Bras / Bras

Brayousses / Pleurnicheurs

Bricoleux / Bricoleur

Brinke, branke / Branche

Broufe / Chute (de quelque chose)

Brouillard / Brouillard

Bruit / Bruit

Buquer / Frapper, cliquer

Busier / Penser

C

Cacher, quercher / Chercher

Capiau / Chapeau

Carabistoulle, cacoules, coules, craques / Bêtise

Carette / Voiture

Carnaval / Carnaval

Cats / Chats

Caud / Chaud

Cayelle / Chaise

Ch'est / C'est

Cha va / Ça va

Chalut / Salut

Champ / Champ

Chèque / Chèque

Cherque / Cercle

Ches / Ces

Cheul / Seul

Cheux / Ceux

Chicon / Endive

Chiffler / Siffler

Chincante / Cinquante

Chince / Chance

Chinq / Cinq

Chinquième / Cinquième

Chins / Sans

Chint / Cent

Chinture / Ceinture

Chireur / Cireur

Chous / Sous

Chti / Celui

Chuque / Sucre

Cinsier / Fermier

Cleftier / Clavier

Clique / Groupe, famille

Cochon / Cochon

Cœur / Cœur

Coffer / Coiffer

Com / Comme

Combin / Combien

Comminder / Commander

Connaîte / Connaître

Cordéoneux / Joueur d'accordéon

Coron / Habitation ouvrière

Coulon / Pigeon

Courir / Courir

Courti / Potager

Croire / Croire

Cuiche / Cuisse

Culo / Dernier-né

D

D'minder / Demander

D'pis / Depuis

D'ssous / Dessous

Dallache / Bazar

Déchimbe / Décembre

Déclaquer / Éclater

Déj'ner / Déjeuner

Dérain, dérainne / Dernier, dernière

Déraker / Dépanner

Derches / Fessiers

Déringer / Déranger

Désaquer / Retirer

Deus / Deux

Deusième / Deuxième

Devoer / Devoir

Dich neu / Dix-neuf

Dich sièt / Dix-sept

Dich uit / Dix-huit

Diche / Dix

Dichième / Dixième

Dijainne / Dizaine

Diminche / Dimanche

Dins / Dans

Dintelière / Dentellière

Dint, dintiste / Dent, dentiste

Diouss / Dieux

Dire, touler, béfer, berlafer / Dire

Doù / Où

Dousse / Douze

Dosième / Douzième

Dracher / Pleuvoir (fortement)

Drissard / Peureux

Drôle / Bizarre

Duchmint / Doucement

Dur / Dur

E

Ébouler à (s') / Commencer à

Ej, j' / Je

Employé / Employé

Énui / Aujourd'hui

Erluquer / Regarder

Ermettre / Remettre

Ernu / Orage

Esclamasse / Cri

Espécialisse / Spécialiste

Espérer / Espérer

Espliquer / Expliquer

Esquinter / Esquinter

Estile / Métier

Ête / Être

Été / Été

Euch / Son, sa

Eud'main / Demain

Eul / Le

Eun' séquoi / Un petit quelque chose

Eune / Une

Excitint / Excitant

F

Fachile / Facile

Faire / Faire

Falloir / Falloir

Famile / Famille

Fauque / Que, seulement que

Féverier / Février

Fief / Fièvre

Fil / Fil

File, pisseuse / Fille

Fin / Très

Finir / Finir

Finme / Femme

Fieu, fiu / Fils, fiston

Flindres / Flandres

Formarsien / Pharmacien

Fos / Fois

Foute / Foutre

Fraique / Mouillé

Frangin, frangine / Frère, sœur

Fricadèle / Fricadelle

Fricasse / Fricassée

Frimeux / Frimeur

Frine / France

Frite / Frite

Fro / Froid

G

Gambe / Jambe

Garte / Garde

Garzi / Brûlé

Gasconner / S'écouter parler

G'nief / Genièvre

Gambe / Jambe

Garchon, kieur / Garçon

Gardin / Jardin

Gazette / Journal, revue

Ginvier / Janvier

Glachon / Glaçon

Glope / Globe

Gober / Gober

Goutte / Goutte

Grillate / Grillade

Grind / Grand

Grinmint / Beaucoup

Guernoule / Grenouille

Guincheur / Danseur

H

Hein / Comment ?

Heure / Heure

Histoère / Histoire

I

I / Il

Ichi / Ici

Immeube / Immeuble

Imperter / Emprunter

In / En

In / An (année)

Incacher / Poursuivre

Incaisser / Encaisser

Inclumir / Endormir

Incore / Encore

Iau / Eau

Infants / Enfants

Inglais / Anglais

Intéréchint / Intéressant

Ivièr / Hiver

J

Join / Juin

Joueux / Joueur

Juer / Jouer

Juédi / Jeudi

Juillet / Juillet

Jus d' cochette (café) / Jus de chaussette

Juwer / Jouer

K

K'mincher / Commencer

K'va / Cheval

Kemiche / Chemise

Ker / Cher

Kermesse / Fête

Kerre / Chercher

Kerver / Crevé, bourré, plein

Kinchon / Chanson

Kinger / Changer

Komint / Comment

Kosse / Chose

L

Laicher / Laisser

Lanque / Langue

Lard / Lard

Léquer / Lécher

Lif / Livre

Lingue / Langue

Live (ed' burre) / Livre (de beurre)

Lot / Lot

Lundi / Lundi

M

M' matante / Ma tante

Mai / Mai

Maîtresse, fiaincée / Fiancée

Malate / Malade

Malheureujmint / Malheureusement

Maque à pert / Égoïste

Mariache / Mariage

Man, m'man, manman / Maman

Manière / Manière

Marche / Mars

Marcher / Marcher

Mardi / Mardi

Mariache / Mariage

Marier / Marier

Mariol / Mariol

Maronne / Pantalon

Marteler / Marteler

Méchante / Méchante

Méd'sin / Médecin

Méfier / Méfier

Mékerdi / Mercredi

Même / Même

Mémère / Grand-mère

Ménache / Ménage

Mère / Mère

Mi / Moi

Mie, nin, pos / Pas

Mile / Mille

Militaire / Militaire

Millard / Milliard, punaise

Million / Million

Min / Mon

Minger, mincher / Manger

Minker / Manquer

Mintir / Mentir

Minute / Minute

Mononque / Mon oncle

Monte / Monde

Motte / Mode

Moukron / Moucheron

Moule cuite / Personne molle

Mouzer / Bouder

Mucher / Cacher

Multiplication / Multiplication

N

Neicher / Neiger

Nène / Midi

Neu / Neuf

Neuième / Neuvième

Nez / Nez, blase

Nièche / Nièce

Noë / Noël

Noirte / Noire

Nom / Nom

Nous'autes / Nous

Novimbe / Novembre

N'veu / Neveu

O

Oblier / Oublier

Octobe / Octobre

Om'lette / Omelette

Onk / Oncle

Onsième / Onzième

Onse / Onze

Orelle / Oreille

Orinche / Orange

Os / Nous, vous

Ouverier / Ouvrier

Ouvrache, ouvrer / Travail, travailler

P

Pa / Papa

Pache / Page

Paigipe / Paisible

Palier / Palier

Panne / Tuile

Parel / Pareil

Parint / Parent

Partut / Partout

Passer / Passer

Payer / Payer

Peinte / Peintre

Pépère / Grand-père

Père / Père

Permette / Permettre

Perque / Perche

Peu / Peu

Pincher / Penser

Pinte / Demi-litre de bière

Pisque / Puisque

Plaigi / Plaisir

Plaire / Plaire

Pleuf / Pluie

Ploïer / Plier

Ploter / Toucher

Pluvoir / Pleuvoir

Pneu / Pneu

Poife / Poivre

Poriaux / Poireaux

Porte-feule / Portefeuille

Pou / Pour

Pouchin / Poussin

Poude / Poudre

Poupoule / Poule

Pourdraine / Volaille

Pourisse / Salope

Pourko / Pourquoi

Pouvoer / Pouvoir

Préparer / Préparer

Présinter / Présenter

Prinde / Prendre

Prinmier, prinmière / Premier, première

Printimps / Printemps

Prochaine / Prochaine

Proficiat / Bravo

Proumener / Promener

Pub / Pub

Pus / Plus

Q

Quarante / Quarante

Quate / Quatre

Quater vint / Quatre-vingt

Quater vint diche / Quatre-vingt-dix

Quatième / Quatrième

Quatorze / Quatorze

Quek / Quelque

Queu / Quel(le)

Quien, tchien / Chien

Quind / Quand

Quinze / Quinze

Quo / Quoi

Queusir / Choisir

R

R'su / Reçu

Rabacher / Rabâcher

Rachine / Racine

Raijon / Raison

Rapasser / Repasser

Rapré-caup / Enfant né tardivement

Raso / Rasoir

Ravisser / Regarder

Récauffer / Réchauffer

Réclamer / Réclamer

Rescaper / Rescaper

Resses / Restes

Restaurint / Restaurant

Rester / Rester, habiter

Rétorquer / Rétorquer

Rev'nir / Revenir

Rêve / Rêve

Riche / Riche

Rigoler / Rigoler

Rin / Rien

Rinconte / Rencontre

Rindez-vous / Rendez-vous

Rintrer / Rentrer

Rire / Rire

Route / Route

Russe / Problème, souci

S

S'maine / Semaine

Sajon / Saison

Saquer / Pousser

S'cuse-me / Excuse-moi

Sèse / Seize

Série / Soirée, veillée

Sgond, sgonde / Second, seconde

Siche / Six

Sichième / Sixième

Sièt / Sept

Sètième / Septième

Siétimbe / Septembre

Sinmdi / Samedi

Sins / Sans

Sins t' kmander / S'il te (vous) plaît

Sintir / Sentir

Sochante / Soixante

Sochante diche / Soixante-dix

Solel / Soleil

Souvent / Souvent

Suer / Suer

Sure / Bien sûr

T

Tains / Temps

Taïons / Aïeux

Tale / Taille

Tape / Table

Tard / Tard

Té, te / Tu

Tertous / Tous

Ti / Toi

Tiète / Tête

Timps / Temps

Tiot / Petit

Tiots pierrots / Petits-enfants

Tis-aute / Toi, vous

Toquante / Montre

Tôture / Toiture

Toudis / Toujours

Tout / Tout

Tranquille / Tranquille

Trenner / Trembler

Trèsse / Treize

Trinte / Trente

Tros / Trois

Trosième / Troisième

Trouver / Trouver

Tutoyer / Tutoyer

U

Uche / Porte

Uit / Huit

Uitième / Huitième

Un / Un

Ureusmint / Heureusement

Uro / Euro

Urope / Europe

V

V'là / Voilà

V'nir / Venir

Vaclette / Chaufferette

Vaque / Vache

Veine / Veine

Vêler / Vêler

Verdi / Vendredi

Verzener / Pleuvoir (fine pluie)

Villache / Village

Vindeux, vindre / Vendeur, vendre

Vint / Vingt

Vire / Voire

Virmint / Virement

Vive / Vivre

Vouloer / Vouloir

Voyache / Voyage

Voyette / Allée

Vraimint / Vraiment

W

Wassingue / Serpillière

Y

Yux / Yeux

Z

Zœuf / Œuf

Pour aller plus loin...

Bibliographie

Parle-moi « chti », Alain Dawson, Assimil France, 2006.

L'b... a... ba du patois de chez nous, Guy Dubois, 1995.

Proverbes et expressions du Nord-Pas-de-Calais en patois, Bernard Baralle, Éd. Nord Avril, Bouvignies, 2004.

Acoutez l'vaclette, Simons, Éd. des Moulins de Garance, 2004.

Au contact du picard et du flamand, parlers du Calaisis et de l'Audomarois, Denise Poulet, Centre d'études médiévales et dialectales de l'université de Lille-3, 1987.

Le lion des Flandres, la bataille des Éperons d'or, Hendrik Conscience, Éd. Yoran Embanner, 2007.

Parler du Nord-Pas-de-Calais, Denise Poulet et Fernand Carton, Éd. Bonneton.

Expressions et dictons du Nord-Pas-de-Calais, Fernand Carton, Éd. Bonneton.

ici,
bienvenue
chez les Ch'tis !
france bleu nord
vu d'ici